销售之魔之终极篇

[日] 田中道信 / 著
陈晓丽 / 译

决策层的营销课

人民东方出版传媒
東方出版社

图书在版编目（CIP）数据

销售之魔之终极篇：决策层的营销课 / （日）田中道信 著；陈晓丽 译. —北京：东方出版社，2014. 1

ISBN 978-7-5060-7209-0

Ⅰ. ①销… Ⅱ. ①田… ②陈… Ⅲ. ①企业管理—销售管理 Ⅳ. ①F274

中国版本图书馆 CIP 数据核字（2014）第 016974 号

销售之魔之终极篇：决策层的营销课
(XIAOSHOUZHIMO ZHI ZHONGJIPIAN: JUECECENG DE YINGXIAOKE)

作　　者：[日] 田中道信
译　　者：陈晓丽
责任编辑：黄晓玉　张军平
出　　版：东方出版社
发　　行：人民东方出版传媒有限公司
地　　址：北京市东城区朝阳门内大街 166 号
邮政编码：100706
印　　刷：北京智力达印刷有限公司
版　　次：2014 年 3 月第 1 版
印　　次：2014 年 3 月第 1 次印刷
印　　数：1—8 000 册
开　　本：880 毫米 × 1230 毫米　1/32
印　　张：11. 625
字　　数：211 千字
书　　号：ISBN 978-7-5060-7209-0
定　　价：49. 00 元
发行电话：(010) 65210056　65210060　65210062　65210063

前言

我不能停下前进的脚步，必须精神抖擞继续战斗，因为我们正迎来具有营销优势的企业可以发挥真正价值的伟大时代。

仔细算来，我在制造办公设备的理光工作了二十多年，后又在女服零售专卖的三爱干了近二十年，人生的大半时间都是在紧张的营销工作中度过的。

工作期间曾多次遭遇经营危机，每次我都是回归营销的本质，重新思考企业的现有实力、改变营销方法，从根本上提升企业的销售能力，从而努力摆脱困境。因此，每次危机都是事业再发展的重要契机。

所以，越是在产品滞销的时期，越能激发我的高昂斗志和挑战精神。

如今的我，从三爱公司社长的位置上退下来后，从事经营咨询业务也快十六年了。在此期间，我和全国各行各业近四百家大中小企业的经营者会过面，相互交流经营企业的经验。

在最近的交流过程中，大家尤其关心的一个问题就是：一般的努力无法销售出产品——这个不言自明的道理，却让众多经营者为之头痛。对于这样的企业经营者——社长，我给出的建议是：请马上走出公司去走访客户；亲自参与营销工作可以解决所有问题。

为什么说只要社长去走访客户，销售业绩就能迅速回升呢？本书汇集了我通过亲身体验总结出的“社长营销秘诀”的全部内容。

既然称为“秘诀”，自然适用于一切企业，既包括制造业、商社和零售店，也包括大企业和中小企业。不仅擅于销售的经营者可以运用它，而且擅于制造或者财务管理的经营者无一例外也可以运用。要让自己的公司在短时间内变成具有营销优势的企业，作为企业的领导者就必须掌握这些“秘诀”，并把它当成一个紧急的、最重要的课题去全力解决。

我不是专业作家，深知自己的语言表达能力有限，唯希望诸位经营者能理解书中的真意并切实付诸实践。

田中道信

目录

第一章　社长营销的威力 / 001

1.社长须亲自出马做销售 / 003

2.【实例】N公司因社长参与营销，危机转化成机遇 / 017

3.【实例】大型制造商的攻势，通过社长营销打开突破口 / 028

4.【实例】“销售之神”市村清先生营销手段的高超之处 / 036

第二章　社长营销的实质 / 041

1.社长做营销的实践要点 / 043

2.不要只盯着自己想要的东西 / 051

3.推销时的开口方式 / 066

4.【实例】社长营销可为实现出色业绩打下基础 / 070
5.【实例】我的社长营销实践 / 076

第三章 左右业绩好坏的社长观念变革 / 095
1. 让社长的营销成果在全公司得以展开的关键 / 097
2. 怎样改变自己 / 114
3.【实例】员工不断流失的 K 公司的快速成长 / 133

第四章 完成销售任务的两大武器 / 149
1. 对外是营销战略，对内是 TQC / 151
2. 营销战略的实践要点 / 153
3. TQC 和实战的要点 / 178
4.【实例】从现实和现场中寻找促进成长的抓手 / 199

第五章 组建营销精英团队 / 209
1. 营销部门的战力测定和强化要点 / 211
2. 销售网络的战力测定和强化要点 / 224
3. 供应商的战力测定和强化要点 / 238
4. 为完成销售任务的“灵魂注入” / 248
5.【实例】一位负责接待的女办事员帮助社长实现了愿望 / 263

第六章　我的“营销十四法则”／269

1. 第一法则：严格守时／271
2. 第二法则：勤于走访／273
3. 第三法则：达成二次商谈的“Yes，But”／275
4. 第四法则：非效率的效率／277
5. 第五法则：谦卑退让赢得客户／280
6. 第六法则：恭维竞争对手／281
7. 第七法则：莫让对方在一次会面中把所有话说完／283
8. 第八法则：注意对方说的每句话／285
9. 第九法则：了解说明和说服的区别／287
10. 第十法则：不买也可以使用／288
11. 第十一法则：坚持“face to face”／290
12. 第十二法则：投诉是最好的机会／292
13. 第十三法则：成为“笔记魔”／295
14. 第十四法则：最后的3%是成败的关键／296

第七章　我的“经营二十一法则”／299

1. 第一法则：开朗乐观的性格／301
2. 第二法则：积极的思想／303
3. 第三法则：有决心／306
4. 第四法则：体力充沛／308

5. 第五法则：谦虚正直 / 310
6. 第六法则：梦想和算盘 / 311
7. 第七法则：拥有“三只眼” / 313
8. 第八法则：兼具“魔心”和“佛心” / 315
9. 第九法则：命令和鼓励并行 / 317
10. 第十法则：做好出现问题的思想准备 / 318
11. 第十一法则：替部下收拾残局 / 319
12. 第十二法则：增加时间 / 321
13. 第十三法则：怀疑现状 / 323
14. 第十四法则：先要喜欢对方 / 325
15. 第十五法则：下道工序是客户 / 326
16. 第十六法则：不做检察官做律师 / 330
17. 第十七法则：权力下放和逃避责任 / 331
18. 第十八法则：读懂数字背后的信息 / 332
19. 第十九法则：机会不能存储 / 334
20. 第二十法则：赚钱是有限的，受益是无限的 / 336
21. 第二十一法则：懂得成为有用之人 / 339

【卷末资料】市村清经营语录（摘录）/ 341

译者的话 / 357

后记 / 361

第一章　社长营销的威力

无论产品多么具有划时代意义，无论技术或服务多么优秀，若没有客户购买，就无法产生任何利润。

如果你的公司利润下降，有亏损之虞，作为社长，首先，要采取紧急、优先的措施——亲自出马走访客户，开展营销活动。通过这种方法找到以前未曾发现的对策，公司业绩就会发生戏剧性的逆转。一切变化始于社长的亲自营销。

1. 社长须亲自出马做销售

真相永远在现场

在媒体的鼓噪喧嚣之下，前所未有的世界性经济衰退，在全球掀起轩然大波。

由于消费急剧萎缩，以丰田为代表的世界优秀企业均出现了经营亏损。今后，经营业绩持续恶化的企业将不断出现，营销环境的确已到了不可有丝毫大意的险境。

但是，其中也存在依然能够保持盈利的企业，要问它们和那些利润急剧下降的企业有何不同，概而言之就是：

社长是否经常亲自深入到消费和营销一线，依据急剧变化的实际情况，迅速调整公司的所有活动来加以应对。

现在的用户或消费者选购商品或服务时会采取什么样的一种姿态和表情？购物时机是怎样的？为什么最终没有购买？——作为社长，你首先要去客户那里，用自己的眼睛，实地调查了解市场变化情况。正所谓“百闻不如一见”，真相永远在现场。

只从营销部门编写的报告或送到桌上的统计数据，社长无法看出市场变化的实情。“顾客第一”不能仅停留在口头上，只有社长亲自到客户当中去，从根本上提高销售业绩的时代才会到来。

“您说的是‘market in’（以客户为导向）的思维模式吧!”一位年轻的社长有些得意洋洋地说。

“你嘴上讲的‘market in’，但我看你的思想和行动却完全是‘market out’（不以客户为导向）的。”我回答道。因为这个社长平日里大部分时间待在公司，每天的工作只是开会，听取各部门主管的汇报并询问对策，热衷于激励部下。由于把时间过多地花在了管理工作上，自然就没有时间去走访客户了。

“像你这样，仅仅根据部下的汇报和结果数据，是无法把握市场的任何变化的。请你哪怕抽出一个月的时间也好，停止一切会议，去拜访客户。社长的身心不在市场上，企业就不可能有任何改观。”我正色道。

现在，社长最需要做的就是抛开一切杂务，亲自出马做营销，这才是最应该优先处理的事情。

有的企业社长是技术出身，营销工作依靠别人打理，即便是这种企业，也不能例外。这和行业差异、规模大小、城乡差异以及老手新人没有关系。如今这个时代，任何一家公司的业绩提升都需要通过社长的亲自营销来实现突破。

社长亲自走访用户或消费者，哪怕仅是会面交谈，可能会收到连其本人都意想不到的良好效果。首先，在短期内，可实现营销管理者无法完成的营销业绩的增长。其次，社长通过亲身实践，能大大加快其自身的观念变革。

“我的销售员原来是这样做业务的，怪不得产品推销不出去！”

“别的公司的工作是否也做得这样细致呢，不得而知。”

社长的观念发生变化，一切自然都会随之改变。企业的员工会开始关注公司营销体制、营销战略中存在的巨大缺陷，重新考量正确的商务模式。同时，还能发现公司产品或服务中需要改进的地方，从而直接推动畅销产品的开发和相关环节的强化。更重要的是，能够培养出适应新变化的人才和干部。

社长亲自做营销不仅是提升公司销售业绩的灵丹妙药，而且还能成为加快员工的观念变革、强化产品质量和服务水平的重要动力。所以，迅速推行社长亲自营销的公司和尚在观望中的公司，差距会迅速拉大。

我人生道路上的恩人、被誉为“销售之神”的企业家市村清先生曾说过“没有营销就没有公司”，这句话我一直铭记在心。另外，著名的经营顾问一仓定先生也曾指出“利润产生于公司外部，费用产生于公司内部”，可谓一语中的。

我很同意他们的说法。社长如果只是待在公司，将永远找不到摆脱困境的办法。必须尽快抛弃借口，走出公司，亲自到销售一线去。要意识到，如果每天上午十点之后，社长还待在公司，这家公司将无法渡过危机，更无法实现业绩增长。

要对销售全程负责，直至商品送达客户手中

市村清先生去世已有约四十年了，年轻读者中很多人也许并不知道他。他是屈指可数的著名企业家，创立了办公设备制造工厂理光集团（前身为理研光学公司），使复印机得以在日本普及，并让“RECOPE”一词成为一般用语而被广泛使用。还创立了一流女服零售专卖企业三爱等多家公司。

市村先生的口头禅中有几句名言。说是名言，称其为赚钱的“金玉良言”也许更为妥当。我把那些“市村语录”当成了座右铭，至今仍铭记在心。其中一条在前文已经提过，那就是“没有销售就没有公司”。

我进入理光之后不久，就和市村社长一同走访客户。那时市村先生告诫我说：“田中君，公司最重要的是营销，无论多么好的商品，如果卖不出去是不行的。没有销售就没有公司。”这些话，我永生难忘。

从那以后，我在理光获得了“销售之魔”的称号，成为了理光历史上最年轻的董事，后来又曾出任三爱社长，直到现在将近半个世纪的时间里，市村先生说的这些话始终萦绕在我的脑海里，一刻不曾忘记。

不管多么优秀的商品、技术或服务，如果我们无法让客户购买，就没有任何利益可言。

说到销售，有零售、批发，还有厂家直销和售后服务等，方式多种多样。重要的是，无论哪种方式，必须永远牢记：社长要对销售全程负责，直至商品送达客户手中。

如此显而易见的道理，任何人都不言自明。然而遗憾的是，并非所有的社长在实际工作中都能做到这一点。

现实生活中，尤其是市场营销领域，“懂得道理”和“实际操作”总是相差甚远。

社长们往往因为忙于企业管理，而将销售任务委托给批发商或零售商，并未对销售的全程（直至商品送达客户手中）负责。

如果一个社长能理解哪怕一点“没有销售就没有公司”的内涵，那么我就要告诫他：不能把一个200人公司的销售任务交给外人或部下。

创业者大多会同意这个说法，但他们中的很多人最后完全深陷于“销售至上论”中，变成了一个人包揽所有营销工作的局面。

（这种销售至上论还有其他的一些缺点，留待后文详解）

如能卖出，收益几何

在关西，常听人说“如能卖出，收益几何”的话。

当产品全部售出赚钱后，社会就会对其进行这样的评价：产品具有划时代的新功能、设计新颖、零部件成本大幅降低，所以毛利率就提高了。而在产品尚未售完之前，针对将来收益的各种预测，就是“如能卖出，收益几何”。

问题是第二任、第三任社长往往重理论、轻实践，总是不由自主地关注“如能卖出，收益几何”的问题，在产品还没有售完，就对未来的收益情况进行反复推测。这样的社长不胜枚举。他们不去营销第一线，只是坐在办公桌前研究统计数据，然后大谈营销的战略战术和各种理论，他们认为第一代创业者的“毅力论”和“精神论”没有意义而加以否定。

殊不知，营销团队是一个战斗集体，除了要有正确的战略战术之外，起决定作用的努力拼搏和干劲才是决定最后胜负的关键所在。

“虽说现在的市场和过去已经完全不一样了，但……”——尽管他们也能像个领导者那样指出一些问题，但是他们的心思更多的都是希望别人来思考“如能卖出，收益几何”的问题。

这些重理论、轻实践的社长们的共同点是不去营销现场。因为没有吃过苦头，所以懒得做那些鞠躬施礼、替客户着想的事情，而只想依靠桌上的理论推进工作。对于这种类型的社长，我能说的就是：首先抛弃理论，然后出去走访客户。

即使这样，还是会有人说："我这么说好像是在反驳您，但像我们公司这样，年销售额达到100亿日元的企业，如果社长不在公司待着，跑去销售现场巡视的话，就无法把握全局，出现处理不当怎么办?"

我的回答是：正是为了把握全局，社长才要深入到客户中去。这与企业的规模没有关系。

以前，理光集团在年销售额达到300亿日元、员工人数达到三千人的时候，也出现过因销售不振而亏损的情况。当时，市村社长是怎么做的呢?

他说："是我太大意了，真是对不起大家。我将再次回到一线指挥营销工作。"然后亲自出任营业本部长，针对大客户和全国的代理店开展销售活动。市村社长的具体做法，我将在其他章节讲述。在这里我只告诉大家一个结果——那就是仅仅用了两年的时间，理光就实现了扭亏为盈。

几乎是与市村社长亲临一线指挥"商战"同期，松下电器的松下幸之助先生也重新回到了营销第一线。那时正赶上经济不景气，日本全国松下电器系列产品的销售店、经销商抱怨不断，销售萎缩呈现出越来越严重的态势。

当时早已名满天下的著名企业家松下先生，没有盲听盲信营销干部们的汇报，而是亲自去现场调查研究，很快发现了事情的严重性。他把全国 170 家松下代理店的老板请到热海，召开了一个座谈会。在当时的会场上，他让身处末席的松下电器全体干部跪在地上，自己作为干部代表发表了这样的讲话：

“过去，我沿街边推销灯泡时，曾对诸位说‘别看我的产品现在只是个二流力士，但将来一定能做到横纲，请买一个灯泡吧！’诸位都说，看你这么有志气，就买一个吧！结果我的灯泡销量很好。松下电器能有今天，完全得益于诸位的关爱。今后，我将转变思路，重新开始。”这是一段非常有名的致谢发言，想必大家都知道。

松下先生从那时开始，就作为营业本部长深入到营销第一线，直接指挥销售运作。仅仅用了一年时间，就创造了辉煌的营销业绩。

另外，在朝日啤酒深陷长期亏损的困境时，您知道来自住友银行、致力于该企业重建的樋口广太郎社长做了什么吗？

樋口先生虽然是个银行家，但他接手朝日啤酒后，并未立即着手改革企业虚弱的财务状况或者发起降低成本运动，而是首先面向日本全国的酒店做起了营销。不仅如此，他还亲自访问客户，听取意见，调查朝日啤酒滞销的原因。调查结果让樋口先生大吃一惊，很多客户反映朝日啤酒之所以卖不动，是因为味道太差。

为什么客户会这样说呢？经过进一步调查，樋口先生了解到了实情：原来由于朝日销售员的强行推销，造成酒店大量库存，时间一长，味道就变坏了。

据说，查明原因的樋口先生一边哭一边指挥人把库存的过期啤酒全部倒掉了。这次事件之后，朝日啤酒研发的“超爽”啤酒横空出世，它几乎成了救世主，一举超越“不沉的战舰”——麒麟啤酒，让朝日坐上了业界头把交椅，营销业绩呈V字形快速恢复，一时传为佳话。

之所以能取得那样的业绩，就是因为社长做营销具有速效性，它拥有扭转公司局势的强大能量。

如果您的公司是一家具有上市规模的大企业，现在您担心一年后的业绩可能出现亏损；或者，您的公司年销售额在20亿日元以下，最近几个月业绩出现持续下滑的状况，那么您务必马上走出社长办公室，去走访用户或客户，绝不能坐在家里。

发生重大变化时，低效比高效更重要

不改变前人的做法，因循守旧固然需要勇气，但要打破成规，则更需要勇气。

社会处在不停的运动变化之中，做社长的似乎都明白这个道理。维持现状死路一条，必须不断地变革……任何一位社长都会因此而隐隐感到不安。

但是，从哪里开始？如何变革呢？

如果贸然采取和过去完全不一样的做法，弄不好失败的风险会很大。不去走访客户的社长，当然无法做出判断。

但偏偏就有这样的社长，拿这种重要的经营课题去向部下问计。如果是拥有成千上万员工的大企业，倒也罢了，可那家企业的员工不到 70 人。这实在是一件荒唐透顶的事。

在员工少于 70 人、年销售额不到 20 亿日元的公司里，重要的经营课题都应该由社长深思熟虑之后，采取独断方式决定。

在这里，我为什么不说是“决断”，而写成“独断”呢？

要求部下提供参考意见是可以的。但前提是，在听取参考意见之前，社长必须已经对问题思考得相当成熟了。如果部下能迅速拿出比社长更好的解决方案，那么，我想这样的社长应该和部下交换位置。

毕竟，部下向上级提交的报告多是“粉饰太平”，比如，有的部下说“对公司的提案很关注”，实则漠不关心；有的说“希望早日和客户达成合约”，结果过了一年也没有达成。尽管“报告有的竞争对手会打价格战”，而对那些以高价格也能卖出产品的其他公司的信息却置之不理。

因向这样的部下征求意见，结果深受其害的社长实在太多，其中很多是第二任或第三任知识型的公司掌门人。当然也有例外。

有些社长在大学毕业之后，通过父亲的关系到其他企业学习一段时间，然后进入父亲的公司，接替父亲成为社长。他们的实际工作经验非常肤浅。这种类型的经营者往往热衷搞一些浮皮潦草的管理型经营。

管理型经营的本质是强调高效，批评低效。“田中老师，别担心！全店的销售动向从销售额到库存，每天的变化情况都可通过这个显示器显示出来，一目了然。”那些经营者对采用计算机对销售一线的信息进行统一管理，然后和仓库管理系统连接的做法充满信心。认为这样一来，即使整天坐在社长办公室桌前，也能取得业绩，殊不知却犯下了根本性的错误。

为什么说他们的做法是错误的，原因就在于任何利润都来源于公司之外。

公司外面的情况无时无刻不在变化，而隐藏在可见数据背后的变化才是真正重要的信息。当然，这并不是说中小企业实行信息化管理、提高管理效率是件坏事，只是不能忘了“要同时适应客户变化”这个大前提。

在第二、第三任经营者的管理型经营方式中，因为完全没有这样的大前提，所以才会陷入困境。现在，全球性的巨变正在发生，也许可称之为百年一遇。外来订单急剧减少，效率管理的对象消失殆尽，这与其说是一场悲剧不如说是一场喜剧。

我曾多次说过“企业的利润在公司之外，公司内部只有经费开支”。在公司内部无论怎样谋求提高效率，如果利润来源发生了变化，那么这些内部效率管理也是没有任何意义的。

请不要强辩，放弃以前追求效率的想法，一声不响地走出公司。社长亲自走访客户，匆忙一点也无伤大雅。工作中必须改进的地方，最重要的利润来源——客户会告诉你。

时代在变，客户在变。“新的核算效率模式”应运而生。

如果社长能注意到这个变化，那么干部和普通员工随后也都会意识到。乍一看，这似乎是个低效率的行为，但实际上它是一个获取利益的最高效的办法。

咨询之前必须到现场查证

利润产生于和客户接触的现场。

营销的决胜手段来自于和客户接触的现场。

商品开发的决胜手段也来自于和客户接触的现场。

人才培养也在和客户接触的现场。

我是一个彻底的“现场至上主义者”，即使是对现在从事的经营咨询工作，也毫不例外。当有经营者向我咨询的时候，事前我必定要去那家企业走访一次，进行现场查证。

当今这个经济不景气的时代，几乎每天都有经营者来我的办公室，向我诉苦——“虽然我们有技术优势，但我们的大客户突然不和我们联系了，今后该怎么办？请帮我分析分析！”

“我相信自己的商品是有竞争力的，但每月的销售额和去年同期相比持续下降，这让我大伤脑筋。”有一位社长带着过去五年间的财务报表，条理清晰地向我说明公司景气下降的经过。但是我们做咨询的，不能盲目相信客户说的话，即使他们提供的信息是客观真实的，也不行。

无论是接受咨询任务还是拒绝对方，我通常都要先去那家公司实地调查一次。因为如果不去经营现场，通过自己的双眼实地查证，就发现不了问题的实质，也找不到解决的线索。我要通过自己的双眼确认——客户是怎样的事务所、怎样的工厂或者是怎样的商店，他们的干部和员工的精神状态以及主要客户是怎样的。

而且，通过实地调查，我发现的实际情况和社长的看法大相径庭的现象很多，这让我很吃惊。

比如，有社长反映，他们的专卖店不够强大，以致成了销售瓶颈。但我到现场调查后发现，真实原因是：他们只看销售预算数字的营销模式妨碍了销售额的上升。

又比如，有客户说，他们的销售主要依靠批发商进行，促销方面的工作做的不太好。等我到现场一看，才明白：他们的营销实际上始终只针对批发商，从未提出去零售商店看看的要求。这样的现实情况，大家都知道，唯独社长蒙在鼓里。

而批发商为了完成销售预算目标，往往采取价格打折的方式向零售商店硬性摊派，而且不走上层路线，只是向一般销售员推销，结果当然完成不了任务。对方只消一句话："现在库存已满，这个月不能再接受了。"就垂头丧气地败下阵来了。

假如是我，我会追问："对不起，我想问一下，我公司商品还有多少存在库里？"并让对方带我去库存现场查看。如果发现有大量其他竞争对手的商品占用了仓库，我就可以要求他把别家存货退还，给我们腾出库容。当然，这要看和对方交往的深浅程度。如果批发商社长能一起去现场，这样的进一步营销就可以做成。

总之，一般来说，那些公司业绩不佳的社长多半不能正确把握自己公司的现状，结果采取了错误的应对措施。他们完全没有意识到，自己根据过去很少的那点成功经验，频频使出错招，从而使公司的形势一步步恶化。

究其根源，在于社长没有置身于营销现场的缘故。由于社长不去走访客户，就无法了解客户那里时刻发生的变化，当然也就不知道如何调整自己的产品和服务，以实现持续畅销。他们只会督促销售员们拼命推销，而不断降价销售的结果导致了业绩进一步下滑。

对于我指出的这些问题，那些社长们不仅没有丝毫反省之意，反而变色反驳道：“老师，您说的道理，我早就明白。但即使我愿意去走访客户，也没有时间啊！这是像您这样在大企业担任过要职的人所无法理解的。”

我很想说：“如果是这样，请不要找我咨询。”但最终没有说出口，只是默默地辞掉了这次咨询顾问一职。这种类型的社长只听好听的，不愿听逆耳忠言，所以咨询不会有效果。

2.【实例】N公司因社长参与营销，危机转化成机遇

完全交给批发商，结果导致大亏损

N公司是一家生产保健食品的公司。该公司社长开发了一种完全没有副作用、具有划时代意义的保健食品，最初在当地销售。

产品的原料主要采用当地种植的无农药蔬菜，靠口碑相传，其卓越功效渐渐为外界所知。相比成本该产品售价较高，因此，不但毛利非常可观，而且也广受好评。

于是N公司把销售业务委托给一家看好该产品的批发商，

开始在全国发售。销售额不断提升，年销售额达到了10亿日元，公司员工也增加到了60人。从表面上看，他们的经营似乎一帆风顺。

社长N先生是个一心专注于产品开发的人，他非常关心在市场需求增长的情况下，实现自己这种主要依靠手工操作的产品，如何能够进行批量生产，以及怎样保证质量的稳定等问题。当然这是对的。在营销方面，他只是简单地要求提高销售额和口头上不停发出各种指示。

于是，在年销售额超过15亿日元的时候，N公司出现了经营危机。他们的产品成了全国零售商店降价销售的对象，因大幅降价，最后发展到完全没有任何利润的经营状态，资金周转状况急剧恶化。

即便在这种情况下，公司还在计划增加订单的事。从银行大量借贷以应付土地、建造新工厂等所需，结果情况变得更糟，银行也开始担心了。

走投无路的N社长找我咨询，我去他们公司的现场进行了查证。

去公司一看，发现社长一门心思扑在产品的研究开发上，身为副社长的儿子负责经营，并兼任销售主管。

由于经营业绩不佳，社长非常着急。

虽然身在研究室，但每当想起经营上面的事，总是坐立不安，于是跑到业务办公室，给各分店打电话，要求他们提高销售业绩。也不断对副社长的工作指手画脚。

这时社长的态度和找我咨询时已判若两人——他会突然大声怒骂，完全听不进对方的话。由于社长不假思索地胡乱指挥，副社长的工作被弄得几乎无法开展。

销售员成了批发商的“仓库保管员”

公司除了社长副社长，还有一位营业本部长。这位部长是个很普通的“工薪族”，不客气地说，他根本不懂销售是怎么回事。我跟该部门的其他干部也进行了交谈，感觉营业本部长的水平最低。

因为商品将在全国范围内开展销售，当各地的大批发商提出承包时，N 公司也没有好好考虑一下，双方一拍即合，就开始了交易，并当即决定设立营业网点。不知不觉间建立了东京支店、大阪支店等全国 10 家营业网点，营销人员队伍也迅速扩大，增至 70 人。

乍一看，这是一家营销网点遍布全国、实力雄厚的公司。

但我经现场调查得知，营业部长和课长只是一个劲儿央求批发商购买他们的商品，且不惜按照对方的意图进行降价以达到多推销产品的目的。销售员们也只是去批发商的具体责任人那里做一些推销工作。

说得极端一点，N 公司业务部的一干人等简直就是批发商的仓库保管员，实际情况和社长在东京时说的完全不一样。

不过，为了支持零售店的营销工作，该公司开展了一项叫作“健康教室”的商品讲解的促销活动。这个“健康教室”后来成了 N 公司再生的武器之一。

实际上，事前我曾请某专业机构对他们的产品进行了科学分析和检验。结果负责检验的专家盛赞其品质，甚至堪称其为宝物。但就是拥有如此优秀产品的公司却债台高筑，业绩不振。

这是一个有好产品、但因营销不得法导致业绩不振的绝好案例。

“公司虽然已经到了濒临倒闭的状态，但我要设法相救!”我认为：如果指导一下该公司的副社长，应该可以解决问题，于是接受了他们的指导请求。

新社长参与营销，改变了一切

我的第一个提议是，让 N 先生去当董事长，由他的儿子出任社长。这是在取得银行同意的基础上提出来的。为了摆脱困境，N 先生同意了我的方案。

我看出作为董事长的N先生有些失落，于是当着新社长的面不住地称赞他：“您开发出了这么好的产品，真是了不起啊！”与此同时，我集中精力与新社长就营销工作和人际关系的重要性进行了多次深入交流，一边谈还一边举出具体实例进行启发，帮他转变思想观念。

而且，我还让新社长以就任问候的名义，去全国各地的零售店进行短期营销活动。

新社长凭着年轻人的一股冲劲，在三个月时间里走访了全国60家批发商和零售店，和那里的责任人进行接触交流，并直接听取了他们的要求。他了解到了很多自己意想不到的事情，和此前营业本部长的报告完全不一样的零售店的真实惨状也不断明晰起来。

①大部分零售店反映说：“贵公司的销售员一次也没有来过。”

②销售网络分布现状：一条小街上有多家零售店在拼命竞争，在大商圈店铺数反而不多。

③多个批发商为了自己代理的N公司产品进入同一家实力强的零售店而展开竞争。

④批发商的销售员为了兜售商品，任意降价。

⑤商品最终售价一降再降，有的零售店甚至降到了定价的三分之一，明显有损商品的信用度。

对于这样的市场实情，公司的董事长和社长虽然也略知一二，但却不知道如何应对。如果社长不去一线查看实情，难免不知如何应对。

新社长通过一线调查，深刻体会到委托别人销售产品会带来怎样可怕的结果。同时，通过和零售商的交流，也找到了商品销售的具体改进措施：

①现在的商品都是××克的，如果改成一半容量的小瓶包装，更好卖。

②商品有没有丸状的呢?

③有可重复使用的包装盒或大瓶吗?

找到了业绩不振的原因，大家都松了一口气，但这种表情转瞬即逝。喜欢搞开发的董事长，面对以前营销部门从未上报过的这些有益信息，惊得目瞪口呆。对于销售网络的缺陷问题，他说："老师，我不懂这个，就不插嘴了。拜托您和我儿子来处理吧。"新社长虽然有些不高兴，心想"都是你干的好事"！但这正是施行"紧急手术"的大好时机。

我告诉董事长和社长说："我所尊敬的市村先生有过一个叫作'过去的一切皆善'的思想。就是说过去发生的事情都是有益的。即使做过的事情失败了，也不必后悔；不要相互指责，可看成什么都没发生，自现在起重新开始。"

我的话至此，董事长和新社长都意识到"原来如此。是啊，现在也没有时间和过去的事纠缠了！”他们之间的隔阂得以消除，大家一致同意：齐心协力实现公司重建。

不良代理店的废立整顿

马上着手处理批发商的废立问题。

价格跌落的最大原因是：多家代理店对同一家零售店的业内竞争，理想状况是“一县一家批发商”。但若轻率地进行整顿，减少亏损的同时也会造成销售额的下降，在资金周转困难的情况下，不宜操之过急。

首先，依据事前调查资料，我让他们将正在全国范围内展开业务的八家实力较强的代理商区分开来，做成一览表。表上注明代理销售业绩、所在地区、业界强弱程度以及旗下有实力的零售店分布区域等。

A 代理店在全国化妆品店中实力较强，B 代理店在药店中实力强、C 代理店在美容店中实力强、D 代理店则长于上门推销……在表上对各自的不同地区、不同行业进行区分。如果真能这样区分开，多个代理商争着向同一家零售店兜售产品的事情就不会发生。

要裁撤某个代理店，若不进行现场查证，就不知从何处下手。查证方法不便在此一一细述，但已得知，C 代理店在降价血拼中涉嫌最深。

当然，所有的代理店都在为生存下来，而绞尽脑汁拼命思考对策。在化妆品店中具有较强实力的A代理店，就想凭借处于第二位的可靠销路进军药店和美容店等行业领域。一家代理店在一个固定行业销售的传统模式正在发生变化。

C代理店以新兴的美容业界为中心，将大量销售N公司的药店作为第二个目标，发动了攻势。当然，也有和N公司有交易实绩的其他批发商加入战团。这时，获得公认的N公司保健食品，自然就成了开设交易账户（大企业和中小企业交易时开设的信用账户——译者注）的热门商品。

新社长虽然向C代理店的经理提出了抗议："你现在做的和你当初说的只面向美容店开展营销，已经完全不一样了。"但为时已晚。

我在旁边听着他们的争论，心里自言自语："导致如今这种局面的原因是，当初一心只想让代理店代理销售商品，什么样的代理店都用的失策造成的。社长抱怨于事无补，想要C代理店不向药店兜售商品，不能只靠口头说说。"

在新社长对批发商的走访结束后，我和他进行了一次认真商谈：虽然我们现在非常需要C代理店贡献销售额，但最终还是向C代理店发出了警告："今后若继续打价格战，我们的合作将无法进行！"从那以后，N公司和C代理店的关系变得冷淡了，但恶性价格竞争的局面，在两年后渐渐得到了遏制。

对于销售网络的整顿（废除和建立），不是说谁不行就可以砍掉，然后马上新找一个代理商那么简单，需要花时间。

我当年在大阪支店当店长时，就曾对之前的代理店进行过大规模的废立整顿。那次整顿中，调动员工达到三百人，前后花了七年时间才完成。

N 公司批发商网络的重建，现在也还只是个开端。但是，新社长通过亲自下一线走访调查，在很短的时间内就了解到将销售工作完全托付给代理商的好处和弊病，并将之前的营业部本部长调离，起用了每次发言都能切中要害的年轻课长出任其直接掌控的营业本部部长一职。

新社长为了甩掉“批发商的仓库保管员”的帽子，开始强化销售员对零售商店的走访管理，并且积极准备下一次的销售网络整顿。

新销路的开拓

接下来，我的提议是：开拓与现有销路不同的销售渠道很重要。

N 公司新社长着眼的是邮寄销售。

在委托他人销售产品的代理商网络中，在掌控方面总难免有鞭长莫及的缺憾，回收销售款也要花费很多时间。新社长对这些不足之处深有体会。

但是，资金链是一刻也不能断的。因此，新社长牵头引进了邮寄销售模式，亲自开展营销。他们用心研究别的公司做这项销售活动的实例。考虑向客户有偿提供样品，并将认购者当成潜在客户进行邮寄试销。首先在地方报纸上刊登了广告，试验一下，看看有何反应。结果发现：因为在一定区域内进行的市场活动，销售额是一目了然，并且因为是定价销售，利润倒是有的。

邮寄销售对毛利高的商品具有优势。

另外，还通过改进广告语，寻找刊登时机等方式反复进行测试，以提高收益效率。那期间，又对呼叫中心和物流等的接单体系进行了调整，最后终于把广告做到了全国的报纸上。那以后，求购的有偿样品每月都超过了1000件，重复订单也达到了这个数量的1/3，这真是让人不可思议的好业绩。

结果，第一年就实现了6亿日元的销售额，虽然支付了不少广告费，但因为是定价销售，利润依然相当可观。

加上都是现金入账，使资金周转更加活泛。厂家直销简直如同救世主，使企业一举摆脱了以前一条腿走路的困境。新社长也由此获得了勇气，更加重视广告语和设计。到了第二年，N公司的销售额实现倍增，达到了12亿日元。

由于商品的特性使然，重复订单稳步增多，如今已经进入第三个年头，今年的销售目标是 20 亿日元，资金方面应该可以得到更大的改善。

因为厂家直销是通过在全国性报纸上打广告进行定价销售，它对通常依托批发营销网络的零售店只会起宣传促进的效果，而没有冲突。因此后者不会对前者有抵触。

新社长上任后的第三年就成功确立了 N 公司新的利润增长点。之所以有这样的成绩，完全得益于新社长忘我地投身一线营销工作。他通过亲自查证，最终找到了通常营销网络中存在的问题。

第三条销售渠道

现在，N 公司又开始寻找第三条销售渠道了。

新社长不知不觉间已经领悟了营销的诀窍，不用我提醒，自己就去开拓新的大客户了。

社会上有很多销售公司，他们雇用销售员面向家庭直接推销床等高价商品。若让这些销售员回忆一下之前所卖过的商品价格，他们不会认为 N 公司的产品会因价高不好卖，所以不会产生打折销售的念头。

与用户对高价商品的重复订货一般周期较长相反，N 公司商品的客户重复订货不仅周期短而且毛利高。这样一来，销售员做业务过程中的花费就能及时报销，正好可以拿来继续维持对客户的联系。

据说新社长通过亲自参与营销，已经发展了五个长期客户。因为尚在进行中，在这里我不便详细介绍。在不久的将来，当他们创造出五、六亿日元新的利润增长点后，新社长一定会高兴地向我报告。

长期以来，因为经营活动中没有考虑销售因素，所以盈利体制、财务状况始终不能恢复到万全状态，目前的经营也只好铤而走险。但是到底是被誉为“日本宝贝”的商品，只要上层领导者不麻痹大意，N 公司在不久的将来一定能找到复兴之路，成长为一家优秀企业。我关注 N 公司的发展，祝愿他们今后取得更好的成绩。就像他们社长通过亲自参与营销，使企业业绩发生戏剧性变化那样。

3. 【实例】大型制造商的攻势，通过社长营销打开突破口

切勿“小成即满”

F 公司是一家从事打印易耗品的再生加工业务工厂。

大型复印机厂家通过降低复印机主机价格，优先完成市场

普及，并靠提高易耗零部件销售额的商务模式来提升利润。因此，E公司和C公司就打着“原装货”的旗号，牢牢地把持着大部分市场份额。

即便在市场夹缝中，仍然有几家公司凭借比“原装货”便宜的价格参与进来，争夺剩下百分之几的份额。

F公司就是其中之一。所有关联企业加在一起，有150名员工。虽然他们在家电量贩店的门店市场份额中只占到2%，但销售额仍然达到20亿日元，利润3亿日元。

创立F公司的F社长，原来在一家承接零部件加工的工厂上班，后来出来单干。刚开始时，因为专利保护壁垒和客户的零部件精度要求太高，吃了不少苦头，但他凭借顽强的意志和用不枯竭的干劲，硬是闯过了难关。后来又通过拼命推销做市场，进入家电量贩经营领域，发展到今天已历时七年了。就是这家公司的F社长向我提出了咨询要求。

“老师，我们公司现阶段的业绩倒也不坏，只是今后如何发展，没有头绪。请您帮我诊断一下。”我听了他大致的情况介绍后，对这家企业产生了兴趣。因此立即去现场进行了查证。

F公司位于靠近爱知县的静冈县，在那里设有事务所和工厂。工厂里虽然都是一些中年女性临时工（约五十人）从事组装工作，但现场气氛很活跃。事务所里也很有生机，给人一种蓬勃发展的印象。

我问F社长销售部在哪里时，他指着一个摆了四张桌子的角落，说那就是销售部。

“啊？这么说，你们的销售员只有三个？”我问道。

“是的。销售员三个，还有一个是我们的常务董事兼销售部长，一共四人。”社长回答。

仅仅四个人就实现了20亿日元的销售收入，很了不起啊！我这样想着，开始关注起他们的效率经营问题。

“除此之外，Rounder之类的合同工有吗？”

“老师，Rounder是什么意思？”

“Rounder就是在各零售店巡视，检查商品陈列情况并补货的人，他们有时也搞一些商品宣传活动，以协助营销工作。是很有用的业务助手。”

“老师，您所说的Rounder工作，我们都是让销售员在做。”

“那么，开拓新的销售渠道，谁来干呢？”

“常务董事。”

听了F社长的一席话，我有了一点感触，于是又问道：

“社长，您经常去量贩店和零部件加工承包工厂的现场看吗？”

“基本上是定期走访，可能某段时间会减少访问次数。”

我开始有些担心，继续问道：

“F 先生，一年赚 3 亿日元，您的内心是不是感到很满足了？如果身为社长的您满足于现状，那么公司就会很快陷入停滞状态。虽然将 10% 的市场份额翻倍很难，但若能将 2% 的零售市场份额提升到 4% 或者 8%，那就能实现 100 亿日元的销售额。‘小成即满’可不行啊！”

听了我的一番话，F 社长也许是心里有所触动，恍然大悟似地果断说道：

“老师，您说得对，我可能是有些大意了。从明天开始，我就转换思想观念，亲自去参加销售！”

社长营销的威力

F 社长首先拜访的是一家大型家电量贩店 M 公司的专务董事。

M 公司的专务董事是在 F 社长创业之初，因被 F 先生的拼命精神所感动，勉为其难销售他们产品，并由此和他建立了业务关系。F 社长把他看成自己的恩人。但因为特别忙，最近总也见不到他，只能在集会等场合打打招呼。

F 先生也许是考虑到 M 专务董事太忙，不想打扰他，所以就没有和他约谈，而是直接定期访问下面的商品部长。但现在经我这么一说，他不再犹豫，决定设法和专务董事联系。

专务董事还记得F先生，两人扯了一阵闲篇，就谈到了地球环境保护及其对策的问题。当听到专务董事说他们为了保护环境，用20日元回收用完的打印机耗材的时候，F先生心头一亮。

立即提议说："专务董事，我们再加10日元回收那些东西，追加的10日元可以捐给相关环保组织。同时，在店里张贴'F公司为促进环保运动，全方位支持回收再利用事业。'的海报进行宣传，您看怎样？"

当时，家电再利用法已经制定，量贩店被迫执行。这项工作很费工夫且没有什么赚头，但也不能不干。现在F先生反而提出要宣传回收再利用，而且M公司还没有太大的资金压力。

M量贩店的专务董事说这是个好主意，表示要立刻行动。他马上把相关人员叫来，命令立即照办。几个月后，在M量贩店里，一张写着"为支持环境保护，M量贩店的零部件回收再利用"的海报张贴了出来。看到这张海报，卖场的工作人员们就会联想到F公司。于是，不可思议的事情发生了，F公司的耗材产品销量急剧上升。

如果当初F先生还和过去一样，定期访问商品部部长。即使提出了同样的建议，且不说商品部长是否采纳，即便采纳，实行起来也不可能这么快。

还有，如果当初不是F先生亲自前来，而是F公司负责销售的常务董事，即使见到了M量贩店的专务董事，谈到了同样的话题，恐怕也不可能当场提出“追加十日元”的建议。这样的主意也不会在当时就能想出来。正是因为两人同是决策者，所以才能当场提出建议、当场拍板定夺。

这就是社长营销的威力。

社长营销一举解决产品采购问题

F公司的零部件大部分是需要外购的塑料制品。

创业之初是在中小工厂采购，后来根基稳固之后，考虑到品质的稳定性和精度保证，转向大企业B公司采购。

让F先生头疼的一个问题是，零部件的改进工作进展缓慢。

其实，F公司的制造部门不乏大学毕业的优秀人才，问题出在：请B公司制作的试制产品迟迟做不出来，有时花了三四个月时间，连进展状况都不得而知。

了解了事情经过之后，我向F社长进行确认。

“关于这件事，你直接和对方的责任人会面了吗？”

F社长的回答是：“没有。因为这是专业方面的事情，我让制造部长负责。”我又去问制造部长，制造部长说品质管理课长去过B公司。

“这怎么能行？作为社长的你，不直接去客户那里，不到一线指挥，事情是无法取得进展的。”我对F先生说。

和F公司相比，拥有超过1000亿日元资本金，将近两万名员工的B公司是一家特大型企业。因此，派一个科长前去，对方只会让普通员工接待，这样一来，事情就无法引起更高管理层的注意。

我于是进一步鼓励F先生：“对于改进成功也只不过带来数十万日元销售额的业务，大企业是不会全力以赴去做的。想要他们跟你合作，作为社长，你必须亲自出马。”

F社长是一位坦率且行动果断的人，我正因看到了他的这一优点，才接受咨询请求的。马上和制造部长一起去了B公司。

这次，对方派出一位科长出来接待。待说明情况后，果不其然，那位科长说第一次听说这个事情。原来那个试制品业务被下面的负责人压下了。

F社长感觉被人愚弄了，热血直冲头顶，但还是强压怒火，向对方说明：如果改进成功，根据今后的销售目标，预计将增加订购数量。那位科长只好说：“那就做着试试吧！”接着把负责这个项目的部下叫进来，用探讨似的口气下达了试制的命令。

从那以后，F 社长和制造部部长轮流每周去一次 B 公司查看该项目的进展情况。两个月后，改进产品终于试制完成。

社长的营销对象绝不仅限于销售，在热销商品的生产方面也必须发挥作用。

通过社长营销选拔人才

当真正意识到要成为年销售额 100 亿日元的企业时，F 社长突然眼神变了。我鼓励他，要开拓新的销售渠道。于是，他开始关注起以前交由销售部长负责的销路开拓事宜。

我提议把文具店作为开拓对象的主要候补单位，推荐他选拔一些业内有信用度、有实力的人才。当然，即使现在，一些文具店也通过批发商经营 F 公司的产品，但那仅是限定区域范围的一部分商家。如果能争取大型文具店参与进来，在全国展开销售，也许可以开拓出相当于家电量贩店 1/3 的销路。

行动果断的 F 先生通过别人得知：一家大型文具制造厂家 A 公司的前董事 K 先生卸任后，在家中悠然自得地过起了退休生活。虽然那人远在大阪，但 F 社长还是立马飞了过去。

K 先生热情地为 F 社长出谋划策。要说“吃饼要找专业饼店”还真有道理。之前 F 公司向文具业界的批发商询问，没有打听到的厂家方面的重要信息，都从 K 先生那里得到了。F

先生感觉 K 先生对自己非常有用，于是提出聘请 K 先生出任公司顾问的想法。

后来的具体情况，目前尚在推进之中。很抱歉，这部分内容无可奉告。我只能告诉大家：K 先生答应出任 F 公司的顾问，F 公司的销售员增加到了 10 人，文具店代理销售渠道正式确立。

在这里，读者必须注意：社长深入到营销第一线，通过亲自面对客户，及时了解了变化情况后，后面的应对工作也不能完全交给部下。因为部下对彻底改变以往的做法总是抱有抵触情绪，必然会找各种理由进行拖延。

所以，要建立正确、广阔的经营之道，社长必须深入一线，亲自指挥。

4. 【实例】“销售之神”市村清先生营销手段的高超之处

等了两个半小时

虽有自我吹嘘之嫌，但市村先生确实对我很器重。年轻时，我经常有机会和市村先生一起走访客户，多次亲眼见识他高超的营销手段。在这里介绍几例以飨读者。

这是发生在理光出现 23 亿日元亏损、无法分红期间的事。

当时，理光的年销售额达到了 300 亿日元，员工 3000 人，是当之无愧的办公设备业界魁首。除此之外，市村先生还相继创立了三爱、三爱石油、日本租赁、北九州可口可乐灌装等新公司。作为集团的统帅，市村先生成了闻名遐迩的“销售之神”。

就在这个时候，理光出现了亏损。

市村先生召集全体部长、课长开会，他在会上说：

“都是因为我经营不善，才导致了现在这样的结果。真是对不起大家，是我太大意了。从现在开始，我决心重新集中精力，拼命工作，请大家也要努力！”

接着，他兼任了理光的销售部部长，开始亲自上大客户那里推销产品。那时，我也经常陪他一同外出。因为这事已经过去很长时间，没有保密的必要。所以不妨说出被访者的姓名，他就是日本钢管公司的赤坂社长。

市村先生和我被安排进一间豪华会客室后，好长时间都没人出来理我们。

“怎么搞的？让天下闻名的市村先生在这里等？”我有些急躁起来。

跟对方秘书室预约是我去办的，而且我知道市村先生非常忙。但当我提心吊胆地偷偷观察他脸上的表情时，却发现他很平静，好像并不在乎。

又过了十五分钟、三十分钟，还是没有人出来招呼我们，我再也忍耐不住了。

“社长，我去看看怎么回事?”我刚想站起来，市村先生说话了：“你蠢啊？这种时候就要等!”似乎他很享受这种等待的滋味。

两个多小时过去了，左等右等就是没人出来。最后，我不得不去秘书室询问情况。当我说“市村和田中来访，贵公司有什么不方便的?”时，“啊?!”秘书室长恍然大悟似地从椅子上跳起来。原来，就在我们来访的时候，他接到国际长途，他们社长国外出差计划要做大幅度调整。因为忙这些事，结果把我们的预约给忘了。

赤坂社长慌慌张张地跑进了会客室，这比预约会面时间晚了两个半小时。

“哎呀，让大名鼎鼎的企业家等了这么长时间，实在是……”他一个劲地道歉。

“赤坂社长，久违，久违!”市村先生像什么都没发生似的，满面笑容。接着，他又说：“哪里哪里，这次拜访，我是有事相求，请不必客气。”

等市村先生说完之后，赤坂社长当场就给相关责任人打电话，当场敲定了一笔大单。在整个过程中，两人始终谈笑风生，气氛和谐。

作为现场亲历者，我也深受感动：怪不得市村先生被称为“销售之神”，果然名不虚传。我猜想，假如当初赤坂社长说：“您说的事情我都明白了，随后，我会责成相关人员积极研究，然后答复您。”这样的套话，那么市村先生一定会认为和这样的人领导的公司不必勉强开展合作。不过，也许市村先生在九泉之下会笑我是以小人之心度君子之腹吧！

客户不问职位高低

这还是我在福冈支店当销售员时发生的故事。

当时，福冈支店的最大用户是三菱公司的所属企业。一天，市村社长拜访三菱重工。

当时的复印还处在起步阶段，三菱重工的晒图室是我们的老客户，每月订购约 30 万日元的理光感光纸。如果按现在的物价折算，大约相当于 500 万日元。

对方听说市村先生要来，对公司内外进行了打扫，想以崭新的面貌迎接他。我作为负责三菱重工的业务负责人，陪同市村先生前往。

到达三菱重工之后，出来迎接的干部引导我们去会议室，全体干部已经在那里等待。这时，市村先生说：“对不起，我先去问候一下。”然后径直向晒图室走去。

“我是市村，一直承蒙关照，非常感谢。今后还请多多关照！”市村先生一边说一边向晒图室主任鞠躬致意。当时，那个晒图室主任只是个边缘人物，著名企业家市村先生能够如此对待自己，让他深受感动。后来他一直保存着市村先生的名片。而且，对其他感光纸厂家开出的任何优惠条件，他都一概拒绝，坚持使用理光的产品。

与此同时，市村先生对三菱重工的领导干部们却毫不客气地提出了批评。当时的社会，媚上欺下者不在少数，但市村先生对待理光的合作伙伴，从不看重对方的职位大小，一律平等相待。他始终坚持“客户不问职位高低”的信条。这绝非所谓的交往技巧，而是发自内心的对合作者的看重。只有这样，他才能有那些行为。

过去理光的感光纸制作工厂，以福冈支店为例，只是个仅有 15 名员工、勉强维持运转的小企业。就是这样的小厂，市村先生也亲自前去慰问。

“你们大家干得真是太好了！”他一边这样夸赞一边把废弃的感光纸铺在地板上。然后，打开自己带来的酒，高兴地和大家一起干杯，和员工们围坐在一起推杯换盏起来。

那时的市村先生，由于不断上马新项目，公务缠身，时间分秒宝贵。即便如此，只要有空，他还是会亲临一线。由于他的言传身教，我明白了很多经营方面的道理。

第二章　社长营销的实质

了解了社长营销的威力之后，接下来就是具体行动了。对于具体行动，重要的是要处理实际业务，而非空谈理论。

操作要点：怎样和客户社长会面，如何开口与对方洽谈，怎样找到强有力的人脉关系和门路，怎样接待客户和发展业务等等。

支撑这些要点的核心思想是“只予不取”。

本章，我想主要通过一些实例和亲身体验来说明这些实际操作方法。

1. 社长做营销的实践要点

首先是采取最初的行动

说到社长做营销，首先应该采取的行动，当然是和客户的高层领导者预约见面。

但也有一些社长不走这个程序，就像那些不愿去销售现场的领导者一样，遇到问题，他们总是磨磨蹭蹭地不想亲自前去解决。同时又不愿谦恭多礼，习惯为自己寻找各种不走访的理由："即使突然给对方打电话，也不一定能成"、"没有中间人介绍，怕是不行"、"如果遭到拒绝，脸上挂不住"，等等。

我并非故意要为难领导者。像这样的社长，他们可以先从走访合作多年的老客户开始，这总比不出门要好得多。可以先通过电话联系："最近，可以去府上拜访一下吗？一起吃个午饭好吗？"和对方预约拜访，这也是领导者营销的一个环节。

那些长期保持良好业务关系的老客户，往往因为平时没有认真维护，容易出现问题。所以更需要社长的亲自营销来加强。

即使只是平时在一起打高尔夫球的伙伴，如果其中有一些相处较好的企业高层人士，也不妨去拜访拜访，聊点儿闲天。

这是很容易做到的事。聊天过程中，也许对方会告诉你——“前几天，你们的竞争对手，一家企业的销售部长来我这里说了这样一番话……”如此重要的经营信息，若社长不去走访是不可能得到的。

经济不景气时，最忌麻痹大意。我们无法预测稳定的客户什么时候会变得不稳定。过去，我就曾多次成功策反竞争对手有实力的代理店，让他们归顺了自己。从这个意义上讲，社长不仅要经常走访客户，还要有意识地通过沟通交流，强化双方的合作关系。

话说回来，倘若社长走访的客户彼此对脾气，都是关系亲密的客户，那么走访就不辛苦了。对于那些虽然代理销售自己的一部分产品，但销售更多的是竞争对手产品的代理店，以及曾经代理过自己的产品，现在基本上已经不再自己产品的客户（姑且称其为客户），社长也必须走访。

在走访这些客户的时候，需要注意几个问题。

不要为表象的ABC分析所迷惑

作为提高经营效率的方法，很多中小企业推行一种“客户ABC分析法”。

例如，有500个交易账户，但实际上经常性交易账户只占两成，也就是 100 个交易账户，而且这 100 个交易账户占到了整个销售额的八成左右，这就是大家所熟知的“二八法则”，也称“帕累托法则”。

因此，营销的重点是要集中精力维护经常性交易的这两成客户，让它们提高效率，这是常识。于是，企业就把有业务往来的客户从高到低划分成 ABC 三等进行管理。但是，在像最近市场这样急剧变化的时候，自己过去的大客户是否还能维持业界地位，则需要我们冷静观察，洞悉真相。

原因何在？我的解释是：一个在你的等级划分中可能属于 A 类的客户，却在业界为了维持住 C 类企业的地位正在拼命打拼，这样非同小可的事例是有的。如果是这样，自然没有效率可言。

地方上的中小企业经常会出现这样的现象。它们没有注意到业界环境的改变，已使自己原先一些有实力的老客户在行业内所拥有的市场份额正在下降。结果在客户等级管理中，依然把它们归于优先对待的等级之中，以致和这些江河日下的老客户形成了“衰落命运共同体”，在产品滞销的严酷环境下，面临一同走向灭亡的危险。

另外，在创业之初拼命发展起来的客户中，只有一些规模较小的零售店和批发商愿意经销本公司的商品。因此，社长感其恩德，自然要继续维持和它们的业务关系，加上这些客户也重视这种合作，于是顺理成章成了公司的A类客户。这种情况也同样是在与“危险共舞”。

就是说，要弄清自己公司现在的A类客户，能否在将来仍然有前途，并成为自己可以继续信赖的合作伙伴，不能只看过去合作的销售额多少，社长还必须通过亲自营销实践，深入一线进行查证。

还有一种情况就是：如果重新关注一下以前没怎么和本公司合作过的经销商，也许它们现在已经成了业界的A类企业，但本公司仍将其归在C类客户行列。这时，社长必须积极和这样的客户搞好关系。需要采取紧急行动，社长亲自拜访对方的领导。

在此，我先下个结论：

如果是同行业的客户，和对方的社长约谈并不困难。因为对方非常了解你公司情况，只要你提出见面要求，他即使感到有些疑惑，也一定会抽出时间应对。

实际上，在我担任理光支店长时，即使在大量“策反”竞争对手厂家的代理店“倒戈”的当口，也几乎没遇过约见对方代理店社长而遭拒绝的情况。（至于我是如何通过“社长营销”将竞争对手的代理店“策反”过来的，将在后面章节作为实例详细叙述）。

总之，要毫不犹豫地拿起电话和对方预约，只要能见面，就一定有所收获。

向同行业和其他行业开拓营销

向同行业里尚无业务往来的大企业，以及其他不同行业的客户开拓营销，就没那么简单了。即使你去拜访，也很难见到他们的高层领导。即使见到了高层领导，也很难得到满意的答复。

针对这种情况，重要的是要“暂时忘记效率”。

希望一次“社长营销”就能签下一笔大单，这是不可能的。我们常说“营销是从被拒绝开始”，即使是“社长营销”，也须懂得开拓营销不是急于求成所能办成的事。

这让我想起当初创业时的情景。去找仅有的几家中间商代销产品，多数时候都会被回绝。尽管天天都往自己能想到的客户处跑，但东西就是卖不出去。正打算放弃的时候，以前走访过的一家中间商介绍来了一家新代理店，期待已久的生意才算开张。想必大家应该都有类似的经历。

还有一件发生在我担任三爱（大型女服零售商，理光·三爱集团的骨干企业）社长时的故事。

那时，我因为长期在制造行业做产品销售，流通领域的人脉关系很少。所以每次碰到业界聚会，我总是积极参加，无论多忙，从不缺席。在聚会上也绝不多嘴多舌地出风头。一年之后，承办企业的领导和行业协会理事长都称赞我积极认真，邀请我加入理事会。

承办企业的领导和行业协会理事长都是业界名人，在他们的引荐下，我结识了很多专家和行业内有实力的企业家，建立了广泛的人脉关系。在最初的半年时间里，我没有任何急于求成的行动，只是发发名片。但若不做这些看似没用的事情，就无法获得和其他行业的人建立关系的机会。

在聚会上发名片的时候，我留心做的一件事是：先不管那些被很多人围着的头面人物，专找一个人待着，闲得无聊的人发。无论是怎样的权威人物，不会总是有人围着，必定有稍微闲一点的时候。我会抓住那一瞬间，去和他打招呼，这时对方多半能从容应对，对我的印象也深。

曾发生过这样一个故事。我和某大企业的老板在一次聚会上相互交换过名片，后来在另一个场合再次相遇。当时，我以为他已经忘记我了，于是自我介绍说："我是三爱的田中。"并再次递上名片。不料，他却主动与我握手，说："不用不用，以前我们见过面，您以前不是在理光担任董事吗？据说您带领的销售团队被人称为为'销售之魔'。"并且向我发出了邀请："我公司在北陆的一家合作单位，要举办一场联欢性质的学习会，希望田中先生前去讲课。如能讲授一些营销秘诀方面的内容，那就太好了。”

我当然欣然应允，并在当天就赶了过去。那位社长也从东京与我同行，在去现场的飞机上，我们聊了一些闲天。当谈到和我方偶尔有沟通不畅的问题时，他马上把秘书叫过来，当场指示立刻解决。像这种问题，如果单方面采用自上而下的命令方式，现场处理往往难有进展。但因我们在这件事情上，双方领导保持了不间断沟通，所以社长当场做出决定，结果却是最理想的。

这些都是通过交换一张名片，获得意外业务机会的实例。不急于求成，先做着再说，只有这样才能有所突破。

开拓营销中不要有自卑心理

社长做营销的好处之一是：职务也能起作用。

普通销售员去访问客户，要想见到对方的实权人物，需要很长时间。一般在接待处就会被挡住，接待人员会根据自己的判断，以“相关责任人不在”或者“存货够用，暂不进货”为由拒绝让其进门。但若来访者是一位社长，对方就会询问有什么事，并且由相应级别的人员出来接待。

因为职位高，对方会认真对待。因为职位高，谈话也能更快进入正题。

这是千真万确的事实，特别是社长这个头衔尤其效果显著，以至于有些公司专门在销售员的名片上印上“社长助理”的头衔。但对方看到“助理”二字之后，热情度还是会立刻大减。因此，即使设法通过了接待这一关，仍然很难马上见到相关责任人。

至于部长和课长的头衔，除非是来自全国知名的大企业，不然，即使能见到客户的相关责任人，也很可能难有进展，最后可能只是在客户拜访登记簿上抹去了事。

但社长的头衔就不一样了。

即使是一些不知名的公司，社长初次访问客户，也很少遭到接待人员的轻慢。只要递出去的名片上印有“社长”两个字，接待人员就不敢轻视，而要向上报告，这就是“社长”头衔发挥的作用。社长头衔不是用在酒吧舞厅抖威风、炫耀用的，而应该作为高层营销的重要武器。

在面向同行老客户或跨行业的开拓营销中，另一个重要问题是，不能有自卑心理。

我在理光公司任职的时候，因为有理光的背景，所以从没感到过自卑。但我作为企业经营顾问走访全国中小企业的时候，经常听到有企业社长过分谦虚地说，我们公司就像我本人一样卑微，是个地方小企业。

我在担任理光支店长时，因为领导着几百人，所以从不认为自己只是个普通员工，而是有“一国一城之主”之慨，但其实自己只是个普通员工而已。至于部长和课长就更不用说了，不过一介“上班族”而已。

但作为一个社长，哪怕手下只有 20 个人，他也是不折不扣的“一国一城之主”。

“自己肩负着为手下的员工和他们的家人以及合作伙伴等所有人带来幸福的使命”——这样豪迈的气概，是那些领导着几十名甚至几百名员工的大公司的部长们所无法比拟的。

在此，我想说的就是不要抱有毫无意义的自卑心理。即使是地方企业，如能实现 10 亿日元左右的销售额，在同行业自然会名声大噪。甚至其他行业也会对其略有耳闻。

希望大家满怀信心地投身于营销开拓工作中。

2. 不要只盯着自己想要的东西

发展人际关系的秘诀在于“只予不取”

经常听到有把人脉关系称为“金脉”的说法。因为结识了一些权威人士，通过他们的介绍，使业务获得发展。所以这样的人际关系被称为“金脉”。

社长营销是无论如何不能应用在挨家挨户上门推销上的。

虽然我在前面谈到要忘记率，回归本心不战而胜的营销方式可算是一种精神修养，但无论怎么说，效率都是太低了。所以，社长营销仍然需要通过某种关系或门路，对客户进行筛选之后再行访问。

与大城市不同，在地方上，如果想见某个客户，不用花费很多时间就能见到。因为在地方企业的社长周围总能找到某种关系或门路；而在大城市的企业，经常是想找也不能马上找到有用的关系。不过，通过行业内聚会、行业总会，以及不同行业间的集会等建立人际关系的机会很多，这是地方企业所无法比拟的。所以，稍微花点儿工夫，见客户也不难。

但是，借助人际关系介绍来的商务活动，很多人却根本不能达成实绩，原因何在？原因在于他们“只取不予”。“市村语录”中有一条重要的训诫，就是“不要只盯着自己想要的东西”。

这句话是市村先生著作的标题，也许有人看到过。

市村先生的父亲原是佐贺县锅岛藩的藩士，明治维新之后成了贫农的养子。少年时代的市村先生从其父亲那里学到“最重要的教导”，后来据此写成《不要只盯着自己想要的东西》一书出版（1964 年刊印），现介绍其中的一些内容。

市村先生在书中写道：“我很喜欢在我家附近的野地里捉麻雀。在长竹竿的前端抹上粘鸟胶，然后拿去粘麻雀。当我蹑手蹑脚地从后面靠近时，那敏捷的小鸟就快速飞走了，总是很难抓到。这时，父亲走过来，站在旁边看。

‘小清，你好笨啊。谁捉麻雀是盯着麻雀去的?’说着，父亲举实例提醒我，但我仍想不通，也有些不服气——说什么呢，捉麻雀不盯着麻雀，那盯什么？人人都说父亲是个怪人，大概真是糊涂了。

父亲接着说：‘你好好想想，麻雀是向哪儿飞的？麻雀长大之时才是它起飞的时候，不是吗?’

对于父亲的话，我还是不大明白。终于，一只似乎有些自暴自弃的麻雀落在面前。我瞄准它前方两三寸远的地方，猛地把竹竿伸出去，瞬间，振翅欲飞的麻雀被牢牢地粘在了竹竿上。‘啊，粘住了，粘住了！’我兴奋得大叫起来。

就在那一瞬间，我突然完全理解了父亲的忠告。捉麻雀，不能把眼睛紧盯着看得见的这只麻雀，而应该在仔细了解了麻雀的习性以及周围环境之后，抓住最佳时机才是关键。从那以后，无论是落在屋顶上的，还是停在电线上的麻雀，我在离它前方两三寸远的地方伸出竹竿，都能一粘一个准，很是带劲。(中略)

在父亲留给我的无形遗产当中，这是最可宝贵的一笔。在以后的人生之路上抑或事业经营中，因为有它，我才获益良多。”

无论是在狮子俱乐部或扶轮社俱乐部，还是在业界聚会上，如果为寻找“金脉”，而在交换名片时，两眼放光地尽显自己商人气息的行为（摆出试图要和别人做买卖的架势），就是“盯着自己想要的东西”的行为。初次和人见面就想寻求金脉的行为只会导致欲速则不达的结果。

总而言之，要想建立人脉关系，就请给别人以更多的关照。所谓“只取不予”，也就是只希望别人关照自己是不行的，这可称作建立人脉关系的诀窍。因为有这样的想法，所以，我从不对自己的“金脉”关系发展对象提出任何要求，而是竭尽全力为他们效劳。

当对方说出“承蒙您如此厚爱，我也能为您做点什么吗?”的时候，你才可第一次向对方提出引荐的要求。这必将像家传的宝刀一样，威力无穷，心随所愿。

利人必然利己

有关“予”的问题，我讲一个最近发生的故事给大家听。

曾经在百货业界雄踞一方的 M 先生，因为奉行大举扩张的政策，结果适得其反，业绩不升反降，不得已引咎辞职。在位时独断专横的 M 先生引退之后，连来看他的人都少了，他不由感到无比的孤寂凄凉。

碰巧，M 先生的秘书在我指导的一家公司（姑且称为 A 公司）里担任总务一职。A 社长在与我闲谈时，谈到了 M 先生，我在三爱任职的时候也多次和 M 先生见过面。

听说我也见过 M 先生，A 社长于是说："真可怜啊！对了，既然您和他也认识，我就请 M 先生吃顿饭，咱们一起鼓励他一下吧！"那时 A 先生的餐饮事业正在大范围展开，于是就选中一处高级日式餐馆摆了一桌，M 先生也欣然接受邀请。

在后来的几次鼓励宴会中，我很快了解到 A 社长和 M 先生原来是大学校友。一次，M 先生想举办一个盛大的大学校友会，因此找到 A 社长，提出想请他的厨师过来，在现场用鲜活食材烹饪的请求。A 社长为其意气所感染，当即答应下来。随后带了几名厨艺高超的师傅过来助兴。结果，那次聚会的气氛十分热烈。这一下可了不得，大批和校友会聚会相关的客人开始光顾 A 社长的高级日式餐馆，就连 A 社长的大众化酒吧连锁店的生意也好了很多。

A 社长出于对 M 先生境遇的同情，纯粹是为了鼓励他才想起举办那个鼓励宴会，也就是"予"。M 先生是他的大学前辈的事也是后来才知道的。但是，M 先生虽然辞去了公司的职务，但他是大学校友会的主要干部，即使现在也还拥有极大的影响力。为 M 先生举行动机纯粹的鼓励宴会却成了 A 社长在影响力广泛的校友会上扬名的好机会。这个机会为他带来了很多举办校友会的客户。可见，“予”的结果是“利人必然利己”。

自我推销

建立有效的关系或门路也需要“自我推销”。

在担任理光支店长的时候，一些地方报纸或行业报纸都来找我登名片广告。我从不冷落前来洽谈的销售员，而是爽快地支付一两万日元的广告费，和他们交朋友。这样一来，那些销售员们也很感激，多次免费为我登名片广告，有时还在企业介绍栏里刊出我的头像照片。由于他们的帮助，在不到一年的时间里，我在当地已是名声大噪，大家都知道“理光来了一位很有趣的支店长”。

那以后，无论参加什么样的聚会，总有人和我打招呼，声称看过有关我的报道。那时，我也是采取“只予不取”的精神来回应外界要求。结果，我在当地与有来头的人脉关系不断增多。

后来，在我担任三爱社长的时候，因为我们是女服零售行业的龙头企业之一，所以经常有业内报纸来采访。对此，我也是不厌其烦地耐心接受。有时在采访结束后还和记者们一起吃饭，在记者们中间也建立起了良好的人脉关系，在宣传企业新战略的开展方面发挥了很大作用。

比如，我们在当时的时装业界首次引进 SPA 运营模式（自有品牌零售专营商经营模式）的时候，日刊工业新闻社就予以了高度关注，并积极撰写专题文章报道宣传，对我们进行了大力支持。由于该社的宣传，我们的这种创新成了社会上的热门话题，于是一般报纸也开始报道。我们因此获得了国家的企业奖。新闻媒体的宣传对新的经营模式的普及和推广起到了非常大的促进作用。在此，我要对当年为我们无偿担任宣传促进工作的某记者先生表示深深的感谢！

另外，要实现“自我推销”，勤动笔也是必不可少的。在和一些重要人物见面之后，无论多忙我都要在当天给对方写一封信。信里写上“承蒙接见，十分荣幸”。而且，即使出差在外也不忘给客户寄明信片，不厌其烦地问候并报告近况。还要尽快调查客户的住处，直接寄到对方的家里。以免寄到公司，被对方的秘书处理掉。

另外，可以带一些出差时购买的小礼物去拜访客户。送礼是为了让对方高兴，不是为了谈生意，这也是一种“予”。要推销自己，努力做到“只予不取”，非常重要。

在担任大阪支店长的时候，我曾经和市村清先生一起陪同佐贺前辈——当时的神户市长和 GLICO 的江崎会长在吉兆总店（不是发生造假问题的店铺）吃过一次饭，这个故事就发生在那个时候。

在那次宴席上，让我意外的是，平时话痨似的市村先生却很少说话，完全成了一个倾听者。其实他并非有求于人，只是因为和这些地位显赫的家乡前辈们共餐而感到荣幸和喜悦，故而用心对待的缘故。从这件事上，我也学到了很多。

虽然考虑到将来三爱在进军神户市场的时候，很多方面需要仰仗这二位的帮助，但那时的市村先生在“予”上的确是一心一意地付出了。真心实意的付出，就能提高自己的影响力。那次宴席上让我崇拜的市村先生判若两人的表现，时至今日还像是昨天才发生过的一样，历历在目。

接下来，我再讲一个关于“予”的故事，这个故事发生在本书第一章中提到的零部件工厂 F 公司。

F 社长在事业逐步走上正轨之后，去找当地的政府部门，请他们为节约地球资源并保护环境，在所有办事机构的窗口处都放置一个“零部件回收箱”。由 F 公司负责定期回收并捐钱用于环境保护。说起来，回收的仅仅是一些零部件，捐出的也不过几万日元小钱。F 社长之所以要这么做，不是为了讨好政府部门，而是出于对当地的热爱。

但是，随着时间的推移，地方报纸开始报道他们的事迹，并进行了积极评价——某家新兴公司，虽然规模不大，但做事认真，为当地环境着想。由此，F 公司在当地一举成名，据说以临时工为主的招聘都变得容易了很多。这也是“予”带来实效的一个实例。

和气生财

有的社长很少笑，整天板着一张脸，好像笑一笑就会失去什么似的。也有的社长虽然笑了，但仿佛哪儿在抽筋，看上去像假笑。这些都是因为缺乏训练的缘故。

他们不懂得“和气生财”的道理，也不懂得眉开眼笑的重要性，天生一副冷若冰霜的样子，这将让社长营销的威力大打折扣。

如果哪位经营者有时间辩解，说自己只是个专门从事制造业的大老粗，不用笑的话，那么他就应该利用这个时间，每天对着镜子练习一下微笑。

实际上，在我还是营销新人的时候，曾有人说我有一副豹子一样精悍的表情。对方这样说可能想夸我，但我听后开始反省自己——我是那样目光锐利而狡猾的人吗？于是每天在家对着镜子左看右看，并且花了半年多时间研究怎样笑能让他人消除戒备心理，变成所有人都能接受的人的问题。

研究结果得出了两个结论：一是总想着赚钱，人脸上的笑容就会走样；二是碰到难对付的人时，人脸上的笑容也会变得不自然。

首先，我们必须要对对方和我们会面心存感激。要以“予”的精神，考虑能否为对方做点什么，而把赚钱的事放到最后。若非如此，无论你怎么笑也只能是假笑，对方必定会产生戒备心理，从而和你虚与委蛇。

其次，倘若对方是个很难对付的人，该如何笑？人分讨人喜欢和难对付两种类型，女性中这种倾向尤其明显，公司的社长也不例外。所以，在和不好对付的经营者会面时，无论如何要笑出来，无论如何要向对方传达自己的善意。

这时，我会强迫自己喜欢对方。当过社长的人想必能够理解我，因为一个过于爱憎分明的人是做不了人上人的。而且，那些很有个性的人——因年轻时的偏见，无缘无故讨厌某类人，在不知不觉间也会真的认为我有人情味，从而对我印象深刻。

关于这个“笑脸”，让我想起一段无法忘怀的往事。

这件事发生在理光上市之后，企业规模仍然较小的时候。一次，市村社长和当时证券代理公司日兴证券的一位精明强干的专务董事相约在某宾馆大厅见面。当时，饱受资金不足之苦的市村先生非常希望增资，但发展中的理光，销售额和利润都还太少，这样的要求很可能会被证券代理公司以“时期尚早”予以否决。为了争得在增资业务上拥有实权的该公司专务董事的同意，市村先生和他约定见面。

当专务董事在那家宾馆大厅甫一现身，市村先生立刻站起身，脸上露出我从未见过的满面笑容，似乎要拥抱对方一样迎上前去。

“哎呀，百忙之中把您约出来，实在抱歉！”市村先生一边说，一边使劲握住对方的手。“见到您，我真是非常高兴。”看着市村先生热情洋溢的样子，我都被深深地感动了。直到现在，当时的情景还记忆犹新。

结果，增资计划获得通过，成功筹集到了需要的资金。我想当时市村先生展示的“天下一品的笑容”一定深深打动了专务董事的心。

招待的秘诀

营销过程中，花钱招待客人是必不可少的。但它并非取之不尽的资源。

我们首先需要思考的一个问题是：招待的目的是什么。

如果是希望对方善意地关照自己，或者为弥补口头不足以表达的一种感谢形式，借此使双方的真诚交往成为可能，这样的招待最好。

那么，高效且效果明显的招待是什么样的呢？在这里，我要回顾一下自己的经历。

在过去做业务的时候，虽然我不会喝酒，但每天晚上还是以麦茶代酒周旋于酒席之间。那时，我曾向一位业绩 NO. 1 的陪酒女郎学习过招待经验。

身为支店长时，我月薪只有 30 万日元，而有的姿色一般、风韵平平的陪酒女每月却能有 150 万日元的收入。在酒吧当陪酒女，要拿到 150 万日元的薪水，个人销售额必须达到 600 万。

据说，那位陪酒女郎每晚凌晨三四点睡觉，上午九点前起床。然后给客户公司打电话：“中午一块吃饭好吗?”如果电话不方便，就写信。因为不是明显的为生意而结伴外出，所以客户也不会有心理负担，一般都能爽快答应。通过这种方式，她就可以把课长或部长约出来，自己掏钱请他们吃饭。因为她知道，部长、课长也是工薪族，没有那么多可自由支配的钱。再说了，她支付的顶多是一顿午饭钱。如果客户是老板，有时她就不用自己掏钱，而让对方付账，因为那样对方会更高兴。

这样，她在白天就定下几组晚上来访的客户，从而使自己的营销额不断上升。到了晚上，她一边嘴上说着“太忙了，对不起”的话，一边穿梭于各个客户的桌前，细致入微地关照客户，不让他们扫兴。在离席期间，她会让自己平时比较关照的姿色较好的陪酒女过来作陪。这样，即使她返回了，客户还在打趣，“哎呀，丑女又来了。有这么可爱的美眉在，你还是赶紧滚吧！”因而不减兴致。所以，她的目标客户总能满意而归。对于这位业绩出类拔萃的陪酒女的用心做法，我深以为然，并牢记在心。

另外，说到宴席招待，我最关注的是对客户回家用车的安排。如果客户是带了车和司机来的，离去的时候，我们就简单了。若不是这样，那么，是否安排回家用车将成为接待成功与否的关键。

无论你为客户准备了多么豪华的宴席和酒水，或者一流的陪酒女郎服务，如果让客户自己打车回家，当掏钱付车费的那一瞬间，他就会完全清醒。接受款待的高兴劲儿立马烟消云散，只剩下疲惫不堪了。

如果是那样，一场招待宴席的花费就白费了。所以，事先确定大致的目标，如果实际需要 6000 日元，就为其准备 1 万日元打车费，这是最后的关键点。能否做得好，将决定招待的成败。

酒后察人

市村先生经常说的一句话是“酒后察人”。

他曾对我说：“田中君，一番对饮之后，观察对方的言行，可以看出这个人的本性。如果和人合作干事业，在发现彼此利益有冲突或者吃了苦头之后，才看清对方是什么样的人，那就太迟了。所以，一开始就要观察他酒后的言行，这样至少可以避免和不负责任、令人讨厌的人开展合作的错误。”

“让喝酒的人尽情喝酒，以此作为判断对方是否心胸开阔的一个途径，就不会有大的差池。”

他还说：“你每天喝酒机会很多，忘乎所以的乱说是绝对不允许的。别忘了，对方也在观察酒后的你。”他知道我酒量不大，所以就叮嘱再三。

对于社长招待客户，我还想提醒注意一点：市村先生本不会喝酒，但在宴席上他还是会接受客户的敬酒，让客户佩服他的海量，之后就到厕所里吐掉。这符合市村先生为人处世的风格。

莫将接待费用的预算管理交由会计负责

有的公司将接待费用的预算管理工作交由会计负责，对于这一点，我是不赞成的。

有段时间，我在检查收入账发票时，发现我们和一家每逢有重要业务必定上报的公司发生的招待费用出奇的少。我把负责此事的课长找来一问，他说招待费预算已满，会计说超出部分不予报销。

我狠狠批评了一顿那个会计，告诉他谁的招待费预算满不满，不要直接跟本人说，要先告诉我，由我发出指示。

营销活动不能用简单的加减计算来进行。所以，会计仅从报销的数字就擅自判断“花钱太多”并直接跟本人说“没有预算”的话是不合适的。

在担任支店长的时候，我经常到下面的营业所巡视。每次会带营业所的员工去鳗鱼店或寿司店吃饭。吃饭的费用都是事先从支店支取的，营业所不用掏一分钱。如果和我这个支店长吃饭的费用让营业所负担，就会影响下面的士气。销售员们会说因为招待费有预算限额，有时为了招待客户甚至要自掏腰包。现在公司内部接待却要花业务招待费，那业务就更没法做了。像这样对部下的关照也是不能忘记的。

招待费用预算的检查由会计负责是没有问题的，但为了将来营销业绩的增长，有时需要舍得下本。所以，预算管理不能完全交由无法判断事情轻重的会计来处理。

这种情况对于中小企业的老板来说是常识性问题，但经常有一些第二代、第三代社长并不明白，我对此深感困惑。

3. 推销时的开口方式

不要让对方有心理负担

即使你跟客户的交情已经深到一定程度，但如何开口跟他谈生意，仍然是一件难事。

假如突然提出让他购买你的产品，似乎有些给对方施压的意思，对方也许会很反感。所以，要想让自己的人脉关系上升到“金脉”，就必须要有与此相应的周全考虑。

遇到这样的问题，我会这样跟对方说：“有件事无须请社长先生专门出面处理，能不能帮我引荐一下贵公司具体负责的人呢？关于什么事……”

就是说，要尽量不让对方有心理负担，这是诀窍。

这样，大部分社长都会说：“啊，如果只是打声招呼，那就请部长过来吧！”于是，当场把部长叫过来介绍给我。要是直接跟社长推销，他会说：“我这么忙，还要我来决断并进行公司内部协调，太麻烦了！”——对方很可能会这样说。

一般来说，高层领导者不会过分和你讨价还价的，而是意外的直接。问题是部长或课长都会看老板的脸色行事，即使部长一级干部突然了解到竞争对手新的交易信息，这个事情也会不了了之。但若是社长介绍来的客户，他们不仅不会听漏，而且会积极听取对方的介绍，积极地尽可能寻找彼此商务合作的接点。

但是，这个阶段需要注意的是，必须保持绝对谦虚的态度，避免让对方的主管反感。不要以为对方的社长已经答应研究，交易就理所当然会达成，这种居高临下的态度是要不得的。只要稍微理解一点人的心理，就能明白这个道理。因为经常有厚脸皮的人在这个阶段招致客户的反感，结果前功尽弃，所以希望诸位注意。

假装无意中“泄露”成交实绩

要想今后和对方交易成功，发展成常来常往的关系，下面这个方法挺有效。

在闲谈之余，有意无意地把事先准备好的一些和其他公司的交易实绩资料“泄露”给对方。因为以前没有合作过，对方会担心现在的交易会不会有问题，所以，要让对方了解自己的公司和哪些公司有业务关系，实绩如何。这样，对方的社长在看实绩资料的时候大多会说：“啊，你经常和某某社长一起吃饭吧！”“还一起打高尔夫球吧！”你要接他的话茬，“是啊，要说某某先生，他还喜欢唱卡拉 OK，而且唱法很有意思。”这样扩大话题。

瞅准时机，向对方提出：“其实，这个合作的话题我想跟贵公司的部长谈，现在如能承蒙社长您给我美言几句，将感激不尽。”这时，对方一般不会立即以“不行，我们的存货够用”为由加以拒绝，而多半是这样的反应：“知道了，我跟相关责任人说说吧！”这时你要说：“如果我们能开展合作，我将全力做好各方面的工作，保证不给贵公司添麻烦，请多关照！”然后离开。几天后，再去找这家公司负责具体业务的部长打探信息。一般来说，社长已经就这个问题和负责此事的部长商量过了，所以从部长的反应里就能看出一点端倪。这时要密切注意部长的反应，再试着进一步深入。这种推进商谈的方法叫“正面进攻法”。

另外，在向对方社长提出交易要求的时候，对方经常会这样回答：“啊？你说的是什么事？”这时，谈话内容就变得更加具体了。

“事实上，贵公司已经成了我们的‘特别管理项目’。”

“什么？‘特别管理项目’是什么意思？”

“意思就是我们把贵公司当成重点客户对象看待，不仅拜访贵公司的部长，也一定要拜访社长您，还要确保不给贵公司增添任何麻烦。如果贵公司同意和我们进行交易，那么贵公司就理所当然成为我们的‘特别管理项目’公司……”我进一步解释道。

对方拒绝时的应对秘诀

比如，在向其他竞争对手的代理店发起进攻的时候，对方的社长虽然答应会面，但从一开始结论就定了。他拒绝道："好了，您所说的我都明白了。但如您所知，我们和 A 公司有几十年的业务往来，所以不能和贵公司开展业务合作。"

这时应对的关键是不要急于下结论。

当我发现对方流露出一丝拒绝反应的时候，马上后退一步转换话题。

"今天早上报纸上登载的一则新闻，吓了我一跳。"——像这样抛出一些能引起对方兴趣的话题。对方因为想到让我白跑了一趟，心生恻隐，所以不会立刻赶我走，一般会附和着说："是啊，那个消息是挺让人吃惊的。""本来是怎么怎么回事，结果却弄得众说纷纭。"这样，话就越说越多了。

聊得高兴时，对方社长会再次问起："你来我这里是要谈什么来着？""哎呀，社长，我真服了您了，我是来谈和贵公司合作的呀！"这时，最初僵硬的气氛已经消失，对方开始重新仔细倾听我的陈述。这样的情况我曾多次遇到。

当然，不是说这样商谈就能达成，因为做业务没有那么简单。一般这时，我会说："目前和贵公司合作可能不行，但我还会根据形势变化再来请求。今天耽误了您宝贵时间，非常抱歉！"然后告辞回来。

但是之后，我会经常通过写信的方式向对方通报近况，套近乎，努力和对方建立关系。于是，随着竞争对手在代理店心目中的地位下滑，终于有一天，他们向我伸出了橄榄枝——"您有空的时候，能来敝公司一趟吗？"这样的实例也很多。

必须明白，这些做法中并无惊人之处，只能凭借诚实的态度，一往无前地从正面进攻才能实现突破。

4.【实例】社长营销可为实现出色业绩打下基础

在房产中介、物业管理中实现年入10亿日元的经济效益

D公司是一家从事某地区城镇房产中介和物业管理的公司。虽然与大城市相比，他们的市场狭小，但每年的销售额却能达到25亿日元，每年的经常利润（这是日企、韩企经常使用的术语。其含义是指经营利润加上经营外收益，再扣除经营外费用，而所得的利润。——译者注）更是达到了让人吃惊的地步，连续创收10亿日元，成了当地有名的优秀企业。

D公司为什么能在房地产中介业务中赢得如此好的经营效

益，原因是他们占据了当地超过40%的市场份额。

相信很多人都知道兰切斯特法则。法则指出：如果排名第一的企业能确保25%的市场份额，而第二名以后企业的市场份额不足10%的时候，那么排名第一的企业可以掌握定价权。

就是说，D公司由于在当地占有压倒性优势的市场份额，所以能够制定有利于自己的合同条件。首先他们通过12000千个物业租赁项目，每年可获得4亿日元的稳定管理费收入，再加上中介和房屋翻修费，使得销售额和收益大幅上升。虽然实现了这么大的营业利润，但该公司的工作人员却只有区区150人。

说到这个行业的管理费，一般占到房租的4%～5%。其中主要收入是签订租房合同和续签合同时租户缴纳的一个月押金。仅靠这些收入显然不可能实现每年10亿日元的营业收入，推升其利润上涨的是12000个物业租赁项目，那些入住的用户才是其有力的潜在客户。在租房居住的人当中，渐渐地有人开始考虑买房，针对这部分人，D公司抓住一切机会向他们推介新房、二手房和闲置地皮。与此同时，他们还向过去自己中介成功的住户推荐房屋翻修服务。这样，在12000个租赁项目基础上加上对新客户的中介服务，他们实现营销业绩复合式增长就成为了可能。

作为该公司良好业绩基础的12000个物业管理项目，可以说大部分都是该公司创始人 D 社长通过亲自营销获得的。

营销对象包括准备兴建租赁用公寓或住宅的房主，以及已拥有租赁房产、但引进了几家管理公司负责管理的房主。无论哪种情况，多数是个人资产所有者，很少是法人，这是地方城镇的一大特色。

对于新的房产项目，D 社长首先要去找当地的建筑公司，请他们介绍一些新的房主。然后从房屋设计阶段开始，对包括选址所适合的客户层次、颇具人气的房间布局以及外观、停车场规模等方面都热情地提出建议。建筑公司也经常参考熟知客户要求的 D 社长的建议，客户因为听了这个拥有压倒性市场份额的权威专家关于让所有房间住满人的诀窍，也就放心下来。

在地方城镇的一些房主中，不少人都有独特的讲究。他们自以为是地要求建筑商按照他们的想法设计，结果弄得有的房间布局很不合理。这时，D 社长通常做法并不反驳和批评。是一边充分听取房主们的意见，一边向他们介绍那些住满人、有人气的房子，同时诚恳地说明有人气的原因。这样一来，房主们就能意识到自己在房屋设计上过多掺杂了个人喜好，从而放弃不切实际的想法。通过这种方式，他赢得了房主们的信赖，从而稳扎稳打地抢到了新物业的管理权。

击败其他管理公司的三件自制武器

在多家管理公司负责现有物业项目的情况下，通过针对房主的社长营销，可以将其他管理公司统统挤出去。同时还能颠覆他们手中的房产项目。

以下三个宣传手段可作为实现这个目标的有力武器。

①两个月一次的房主讨论会。

以“公寓经营税法”、“有利的继承税对策”等为题，每年举行六次。邀请一流的专家担任讲师。讨论会结束后，和相关责任人及房主讨论房屋维护及空房处置对策。对于房主来说，只需支付房租 4% 的管理费，却获得了如此细致的服务，当然不会考虑改用其他的物业管理公司了。

②每月亲自编辑“业主新闻”

社长亲自编辑新闻，每月向房主们发送一次。其中包括老业主的动向和新业主的介绍，还有最近的房屋人气布局信息、房租信息和受欢迎的日常用具设备信息等。新闻版面设计通俗易懂，字里行间渗透着 D 社长对房主们的关爱之情，因此广受好评。

③一年一次的邀请旅行

每年抽选一百人，邀请他们乘巴士赴极具人气的加贺百万石这样的旅馆旅行。在此期间，以 D 社长为首的各店店长始终不离左右地照顾大家，谋求和房主们交流。如果一些有实力的房主没有抽选上，他们还准备了“遗憾奖”进行安慰。当然，他们不会忘记赋予最有实力业主无需抽选的权利。

一般来说，工厂招待销售商是司空见惯的，但物业管理公司花钱招待房主却是鲜为人知。当然，在D公司所在地区，因为没有其他单位能够做到他们这样，所以D社长针对房主开展的“社长营销”，能有效清除其他公司的威胁，且成功率很高。

当然，掌握这种方法不是一朝一夕的事。这种方法是D社长从创业开始通过勤奋努力摸索出来的。我想这其中D社长的人格魅力应该发挥了很大的作用。这里不妨列举三点进行说明：

①开朗热情 = 开朗乐观，第一次见面也能给人以“好人”的感觉，留下为人热情的印象。

②替对方着想 = “体贴”，就是先不考虑自己，先考虑对方感受的做法。这不禁让人感叹，怎样的教育才能培养出这样的品质。

③坚韧不拔 = 百折不挠、从不言弃的品格，不仅仅是一个好人而已。

看到这里，也许有些读者会说这也不足为奇嘛。的确，我所谈的并非奇技淫巧，无非是商战中正面进攻的方法。然而意外的是，能理所当然地、持续地奉行这种正面进攻方法的人还很少。很多人在业务走上正轨后，就交给部下打理，自己轻松快活去了。只有 D 社长还在继续勤勤恳恳地做着他的“社长营销”，继续夯实公司兴盛的基础。

相比能说能干，诚信才是根本

在这个章节，我将介绍另外一个运用人格魅力在企业高层营销中发挥作用的实例。

T 公司是一家从事翻译服务的优秀企业，年销售额 30 亿日元，利润 1.5 亿日元。客户以知名的大企业为主，包括制造业、流通服务业、IT 行业等各个领域，订单十分稳定。那么，T 社长是通过什么办法争取到这些稳定客户的呢?

T 社长大学毕业以后，进了一家工厂上班。后来和志同道合的朋友一起创办了现在这家公司。刚开始，他们通过以前所在单位的关系介绍获得了第一个客户——一家大型电机工厂，通过承包这家工厂的翻译业务起步运转。之后，他们对业务内容进行了调整，开始发展新客户。

发展新客户的工作重点是介绍营销。因为以前工作单位的同事渐渐上位，很多当上了课长、部长，T 社长就请他们帮忙介绍一些新客户；等这些新客户稳定之后，他又请这些新客户项目的责任人给介绍其他新客户。这样通过他人的介绍，不断有新客户加入进来，终于在不知不觉间成就了现在这样一个有名的大企业。

我这样说，也许诸位读者朋友会以为 T 社长是个能说会道、精明强干的人。但实际上恰恰相反。与其说他能说能干、聪明伶俐，不如说他是个木讷但品行好的人。与其说他胆识过人，不如说他诚实本分。

翻译工作卖的是肉眼看不见的品质。所以，几乎可被视为诚实模范的 T 社长，在大企业相关责任人眼里反而成了可信赖的人。加上 T 社长对工作的认真劲儿印证了客户最初的印象，客户就更加相信他了。于是不断有客户成为他的朋友或合作者。

说到社长营销，会让人联想到具有排他性、个性强烈的营销形式，但实际上并非如此。

5. 【实例】我的社长营销实践

时刻保持较高的信息敏感度

无论你所经营的商品如何更新换代，营销战略如何升级，在营销特别是社长营销方面，其精妙之处和抓住人心的方法都不会有太大的改变。

事实上，在我指导的企业里，至今还在很好地运用我过去使用的一些营销手法，并直接推动着企业业绩的增长。所以，我希望大家不要把我在这里说的话，理解是我对自己过去的回忆或者表功之谈。

写自己指导下的企业的事，我会有些顾虑，对于自己做过的事，我可以写得很细致。在这里我想介绍一下自己的体验，尽管这是个相当古老的话题。

我是在 1953 年进入理光福冈支店后，开始销售员生涯的。

现在，无论哪个公司，新员工都是从研修开始，都制定有各种各样的研修制度。但我作为新员工的时代，还没有员工培训一说。不过幸运的是，我身边有被誉为“销售之神”的市村清社长做榜样，我可以先从他那里“偷学”一些有用的东西，他的一举一动我都铭记于心。

从市村先生那里偷学到的一个方法是“时刻保持较高的信息敏感度”，注意收集有关赚钱的相关信息。首先，尽可能广泛而快捷地收集信息。其次，还要考虑：如何从这些活生生的信息中找出营销线索；如何对原始信息进行处理；提炼出可用的方案来。进入理光第五年，我虽然身处九州这个狭小的市场之中，但却成了整个理光的顶级销售员。

新品 RECOPE 推出之后，如何打开销路让我们颇费了一番脑筋。那时正赶上政府进行修订民法，户主制度被废除，户籍变成了以夫妻为单位的登记方式。想到这里，我心里灵光一闪“啊，有了。”

户籍制度改革的结果是政府部门的户籍必须全部重新登记。之前的户籍、居民卡一类档案资料都是一份一份手工填写完成的。因此，我们借机发起了一场使用 RECOPE 改换户籍档案的运动。

起初因为没有先例，法务局怎么也不同意。后来一个偶然的机会，我遇到了福冈地区法务局的户籍课长，他在学生时代曾在我家住过。“既然是你的事，自当帮忙。”——他慨然答应鼎力相助，我终于时来运转。

因为有地方法务局户籍课长的推荐，市政府和乡镇公所等单位都一致同意使用我们的复印机。

自那以后，我们开始紧锣密鼓地在政府部门开展巡回访问活动，用车载着设备去做现场演示。现场演示的头一天晚上，我带了酒去副镇长和镇里会计的家里进行了专程拜访——“明天，我们将现场演示设备，现在来问候一下。”农村人多半很淳朴，一般会说：“哎呀，还专程来访，那就请进吧！”最后当然是畅饮一番。第二天现场演示的时候，他们就都替我说话了。

在政府部门演示的时候，我对他们说：“考虑到你们有财务预算方面的限制，不马上买也没关系。我可以把机器留下，你们先用着看吧！”用着用着，他们就想要了。这样一来，RECOPE 在政府部门开始热销。也因为这个原因，到处都有人喊我“RECOPE 先生”。

市村先生还有一句经常说的话是“不要在星期一走访客户”。他说客户特别是政府部门，星期一一般都要进行文件整理或者开会。若这时去，无论我们多么用心，对方也不会欢迎。

不同的用户都有一个不宜访问的时期，譬如银行和大甩卖的商业街等不适合在年末拜访。“销售是在有客户的前提下开展的活动。不替客户着想，就不可能收到预期效果。”这句话在针对政府部门展开的营销攻势中发挥了巨大作用。

公司因为 RECOPE 的热销，开始快速成长，名称也由原来的“理研光学”改为了“理光”。在公司名称变更两年后，我 31 岁那年，被提拔担任了福冈支店次长。当时的员工普遍年轻，我的提拔多少有点“矮子里拔将军”的意思。第二年，又出任亏损的广岛支店支店长，并在一年内实现了扭亏为盈，那时的我真是无所畏惧，可谓“初生牛犊不怕虎”。

和市村社长的重要约定

随后，我又担任了一段时间东京支店的次长，后来奉市村社长之命出任大阪支店次长。当时的大阪是我们竞争对手三田工业的天下，处于半垄断状态。大阪支店的销售额不到东京支店的1/3，自开张以来一直亏损。

对于市村社长的决定，我当时的反应是“我不想去，为什么只让我当次长？”就这样一口回绝了。现在想起来还羞愧难当。当时我凭借在销售领域所向无敌、天不怕地不怕的劲头，当场拒绝了市村先生的提议。这件事后来在理光集团传为笑谈。

“你就那么想当支店长，那么在乎当官？”市村先生气愤地责问我。

“我不是想要官职，既然让我干就希望授予全权。要重建一家自开业以来一直亏损的支店，不彻底改造是办不到的。若委以我全权，我一定重建一个支店给您看看！”我连珠炮似的回应。

“嗬，那要是重建不成功怎么办？”

被市村先生这么一说，我已经没有退路。

“若重建不成功，您辞退我好了。除此之外，别无所求！”

“好吧。我明白了，不过还是先要从次长做起。看你的工作情况如何，如果好，就按你说的授予全权。”

我做了充分的思想准备，去大阪支店赴任。

到大阪支店之后，我发现整个支店没有一点生气，一派萎靡不振的景象。

“这是三田工业的大本营，其他商家如何卖得动?”——销售员们只知道这样辩解，而支店长则一心关注营销经费的预算。人们常说“身经百战的勇士”，但这里却是一群“屡战屡败的懦夫”。

我立即着手遏制颓势。首先，我注意到财务部门权力过大，对业务经费进行了不合理的管控。

当业务经费支出稍微多一点时，会计就会提醒销售课长已经超出预算。而历任支店长都为了减小赤字幅度，拼命压缩预算管理。相对销售课长的意见，他们更支持会计的主张，结果一致要求销售员少花钱多办事，这让销售员们非常不满。

总而言之，大阪支店在长期亏损情况下形成的运营标准不是以营销为主，而是以管理为主。本书的开头我就说过，公司的利润来自外部，内部管理只会产生费用。无论怎样对内部费用进行合理化管理，其缩小规模、保持收支平衡的做法只会导致公司走向衰亡。

因此，我必须改变支店的经营方针，使其从偏重管理转向以营销为主。首先，我宣布废除请示书制度（招待费达到一定数额，需用请示书的形式请领导审批。——译者注）——“预算花多少钱都行，但前提是要卖得出产品去。”其次，亲自审核所有费用发票，以强化管理。

大阪支店管理主义盛行不仅表现在请示书上，还表现在财务课、管理课以及总务课的部门细化上，由于分工过细导致效率低下。为此，我将三个课室合并为一个管理课，起用了一位有营销经验的人担任课长。对于客户投诉，也不再像以前那样——让负责接收订单的女办事员代劳，而是改由管理课长直接处理，并要求所有公司员工都要以客户为重。

半年后扭亏为盈

自从宣布废除请示书制度以后，我每天提前上班审核招待费发票和营业所的收入支出发票。发现有疑点的地方，就做个记号，回头找相关责任人询问。

“销售课长，这个客户，花这点钱管用吗？要知道‘舍不得孩子套不着狼’，花这点钱，我们是打不进那家单位的。”或者“这样花钱，是简直是在挥霍公款！”

因为我根据实践经验进行判断，从某种意义上说是非常严厉的。与当初只抓预算管理不同的是，我是要让钱在营销活动中有效地发挥作用。当然压缩不必要的经费开支也是完全必要的。我发现各营业所配备的车辆过多，与其销售额不成比例。调查得知，虽然每个营业所都配有四到五台商品演示用的流动服务车，但演示现场还是不够用。如果把服务车司机的人工费计算在内，一台车当时的费用是每月 25 万日元。于是我想出了一条计策。

“哪个营业所若能减少一台车，支店将无条件奖励 3 万日元招待费。只要有发票，不管你干什么都可以报销。”我宣布。

“但有的消费，发票无法开票。该怎么办啊？”有人问。

“那得自己想办法。只要有发票，3 万块钱怎么花我不管。”我回答。

随后我们开始了削减用车运动。即便只减少四台车也能省出 100 万日元的经费开支，所以我坚持推行这个活动。当然，没有人拿非法消费发票来报销。这次运动虽然减少了经费开支，但业务活动却渐渐活跃起来了。

开展削减用车运动半年后，大阪支店实现了月度盈利。市村社长也兑现承诺，让我当了支店长。又过了半年，当确信支店已经完全转为以营销为主的战略方向后，我召集 25 名管理干部，对他们说支店将出资搞一次大的活动。

我们包下了当时最高档的比睿山大酒店宴会厅，请了乐队，还请来了熟识的女主持帮忙，搞了一个盛大的卡拉 OK 大会活动，让大家尽情享受快乐时光。面对盛况，我百感交集，那些被长期亏损压得喘不过气来的支店干部们更是激动万分。

第二天，我对干部们说：“你们知道昨天的活动花了多少钱吗？不要老想着捡便宜，3 万日元没有了！”随后宣布招待费恢复到以前的水平。话音刚落，人们七嘴八舌议论起来，不过很快就止住了。大家都是一脸的心悦诚服，心里想着“是啊！若能有更多的盈利，下次支店还能召开更大的聚会吧?!”

这样，在强化了干部们的营销意识之后，我开始着手解决支店的另一大难题——代理店网络的重新组建。

代理店营销网络的强化

我就任大阪支店长时，当时的支店规模是员工 300 人，年销售额 15 亿日元。

市村社长让我全权负责支店事务，看到全年盈利有望后，又继续放权。致使我不仅拥有了支店的人事决定权，还拥有了财权，可自由用钱。换言之，虽然我只是个上班族，但我的权力和一家 300 人规模公司的社长别无二致。那时，虽然一些重大决定事项还必须在事前事后向市村先生报告和确认，但那时我感觉自己仿佛就是企业的老板。

我自由行使权力，决定采取激进的营销策略。

那时，理光正因 23 亿日元的亏空，无法分红，市村社长重新下到营销一线指挥“作战”，前文中已经介绍过。形成亏损的最大原因是理光工厂向代理店强行铺货式销售造成的。

把货强塞给代理店，对工厂来说是完成了销售额，但这些货并没有到达最终用户手里，也就是说没有卖出去。尽管如此，工厂方面还要承认这表面上的销售额和利润，有利润就要缴税。客户管理荒废、强行铺货式销售导致资金周转不灵是当时无法分红的实际状况。

鉴于此，我想了一个彻底扭转局面的改进措施。

改变过去工厂销售员对代理店只说一声“拜托了”就完事的销售方式，转而和代理店一起面向最终用户推销产品。同时强化促销活动。

代理店中，赚钱欲望不强、只想舒舒服服卖货的商家不在少数。对于这样的代理店，厂家的销售员就要和他们一起去接触客户，一起销售产品，激励他们。同时，确保代理店库存不超过一个月，为此就必须了解代理店的库存情况。

掌握了代理店的用户和库存情况之后，就知道哪些代理店在偷偷经销其他厂家的产品。对于这种吃里爬外的代理店，我采取了果断清除或者通过厂家直销抢夺他们客户的方式进行处理。

这样做，虽然有利于强化现有代理店营销网络，但同时也限制了销售额的上升。

挖竞争对手代理店的“墙角”

前文提过，在大阪市场三田工业的势力很强。旗下聚集了很多有实力的代理店，同时还控制了不少实力强大的客户，这是当时的现状。

当时正赶上经济不景气，我们无力培养弱小的代理店，要实现销售额上升的目标，唯一的办法就是去挖竞争对手代理店的“墙角”，把别的厂家有实力的代理店拉过来。

话是这么说，但要在竞争对手的实力占压倒性优势的市场上，即使你拼命鼓励部下去挖别人的“墙角”，多半也是徒劳。只有率先垂范，亲自去挖几个给部下看看，这样的激励才有效。

以下是我与手下的销售员针对竞争对手的系列代理店和代理店的用户施展的难登大雅的“挖墙脚”攻略。

在选定几个准备攻击的代理店目标之后，我首先向他们的社长发起了攻势。一般来说，开始时都会遭到委婉的拒绝，他们会说和某某厂家有长期合作关系，不想背叛之类的话。这是从一开始就预计到的结果。接下来是调查他们的客户。如果他们有 100 个客户。根据“二八法则”，排在前 20 名客户的消费将占其整个销售额的八成。于是我让部下一个一个去走访这 20 个客户，当然这时让他们不必去推销产品。

“我们正在使用 B 公司的设备，暂时不需要其他公司的产品。”客户说。

“啊，我不是来推销产品的，是搞市场调查的。您说的是 B 公司吗，您花多少钱买的他们的设备？”我们的销售员问。

“大概 40 万日元吧！”客户回答。

如果客户说出了价格，这时销售员一定要小声说，“你们买得太贵了”。这话不能当着众人说，因为要给当事人留面子，压低声音是关键。同时告诉对方：“如果买我们的货，我给你 30 万。”

听到这个报价，较真的客户大多会脸色大变，甚至生起气来，一定会抱怨 B 公司的代理店：“你们卖给我太贵了，理光只要 30 万，这生意做得太过分了吧！”

近期内每天都要去访问这个客户，跟他讨论以旧换新补差价的话题。

“40 万日元以旧换新，怎么样？我们可是最新设备！”

以 40 万日元的价格以旧换新一台半旧设备，对我们来说是纯亏，但我们的目的是要把这家代理店拉过来，所以不能过分计较利益得失，要大胆去地干。

一个月后，被挖了“墙角”的代理店社长该生气了，因为那时流言四起，他已经意识到是理光在背后捣的鬼。

若对排名前二十位的客户都这么干，就是一场“全面战争”，所以我们只针对那些告诉了现用设备售价的客户使用这个方法。

到了这个阶段，我会再次拜访竞争对手代理店的社长。对方当然少不了要骂我“不择手段、厚颜无耻”之类的话，甚至把我当成瘟神。这时要满不在乎地劝慰对方，多次上门和他沟通。

看看时机差不多了，向他进言：“我们和解吧！给您惹了不少事，为了表达歉意，我请您喝一杯如何?”然后拉他出门。

招待这样的客户，不能选过于简陋的饭馆，必须是一流的料理店，一流的女招待，一晚花费在 20 万日元左右，让客户玩个痛快。至于大摆宴席，一般来说暂时没有必要。不过第二天，我还是会去拜访那位社长。最长的一次，我曾连续五天拜访一个人。

“你这家伙真是没治了，那你可得答应我的条件。”——代理店的社长终于“投降”。

但是，并不是什么事都可以用请客吃饭来解决。如果打听到对方的夫人很强势，就要备一些他夫人喜欢的礼物相送。在当时小笼屉荞麦面还只有七八十日元一碗的时代，我送客户家人礼物时从来都是五万十万地花钱，因为搞定了对方的夫人，就胜利在望了。三个月后形势逆转。

一般来说，工厂的毛利大约有四成，那家代理店如果一年进我3亿日元的货，就能带来1亿2000万日元的利润。相比之下，请客吃饭、送礼物这点钱不过是毛毛雨而已。

通过这种办法，我把当地有实力的代理店一个不剩全部争取了过来，使得理光大阪支店旗下的代理店数量，由我赴任之初的二十家，三年时间里发展到了一百多家。

那时的我，每天晚上陪客户吃喝玩乐，大把花钱，绞尽脑汁和各色人等交往，让竞争对手都傻了眼。有人甚至扬言理光会因庞大的招待费开支而破产。

但结果是，不仅扭转了长期亏损的局面，还使大阪支店的销售额由原来只有东京支店的1/3变成了后者的两倍。当然，这些成绩的取得，并非仅仅依靠增加代理店的数量所能实现的。

挨家挨户上门推销的展开

湿式复印机RECOPE的热销势头后来遭到了遏制，是因为富士施乐和佳能推出了新式PPC式普通纸复印机。在这方面，理光落后于人了。

当可与RECOPE分庭抗礼的新机种出现之后，政府部门和大企业纷纷采用了竞争对手的大型机，理光的市场份额一落千丈，形势逼迫我们必须设法挽救危局。为了和在当时理光所有代理店中业绩最为出众的东洋办公设备工业公司的川崎俊一社长会面，我去了他们位于京都的总部。

据说，川崎先生曾经是日本 NCR（计算机外资企业）的高级销售员。他在自己的公司里采用了以前在 NCR 学到的“走访营销”方法，将几十个销售员分成几个班，每个班分别负责相应的地区，让他们去走访各自地区的所有企事业单位的事务所，在短时间内开拓出新的客户。虽然现在这种做法已经不新鲜了，但在当时还是很有创意的做法。

我确信川崎先生的“走访营销”可作为挽回理光市场颓势的“法宝”，准备引进。在我“三顾茅庐”般地盛情邀请下，川崎先生终于答应出任近畿理光（现在的大阪理光销售公司）的社长。

虽然政府部门和大企业这块市场已经很难挤进去了，但中小企业的开拓余地还很大。于是我们针对中小企业的事务所展开了走访营销，专门推销小型复印机。我管这叫“沟板作战”。（“沟板作战”：过去，在下水管尚未普及的年代，家家户户门前屋后都有排水沟，要进屋须在水沟上搭上木板。后引申为推销产品或拉选票时的挨家挨户走访活动。——译者注）

但是，那时的理光对于 NCR 这套有组织的走访营销做法并不适应。理光销售员和用户的接点主要通过协助代理店开展营销活动，或者访问大型单位用户去寻找，最多上午走访两家，下午走访三家客户。让代理店的销售员有组织地挨家挨户上门推销还从来没有做过。

如果采用“沟板作战”，一天将要访问以前十几倍的客户数。这时候，我当然不能坐在办公室里逍遥自在地指挥部下“作战”，做出决定之后，就深入到销售一线，指挥发起包括代理店在内的全面营销攻势。而且，按照川崎先生教授的方法，我亲自进行走访推销。当自己觉得行得通之后，再整理出成功率较高的程序或说话技巧，正式在大阪支店推广应用。作为新的促销方法，我还把代理店的营销干部和销售员组织起来，频繁开展带有实战演练的研修活动。

就这样，大阪支店销售额由以前一亿两三千万日元左右，在不到两年的时间里就实现了翻番。有一天，市村先生来到大阪，眼含热泪，拉着我的手说：“田中君，干得好啊！这个支店终于有利润了。你能把这家店发展到现在这个地步，真的要谢谢你。我太高兴了！”

市村先生一回到东京就激励干部们说，关西已经打开了走访营销的突破口，你们大家也要学习他们的“沟板作战”的战术。于是挨家挨户上门推销的“沟板作战”战术迅速普及到全国的理光代理店，“用脚赚钱的理光”、“以营销立业的理光”的称号也渐渐叫开了。最终，我们成功夺回了市场份额第一的宝座。

人称“销售之魔”

不知不觉间，我有了“销售之魔”的雅号。

“你们都干了些什么？不能再加把劲吗？”——我经常破口大骂下面的销售员，对待干部尤其严厉。因为自己在拼命推销产品，对于部下的不着调有时急得不行。我能简单处理的问题，同样是成年人，为什么他们会弄得那么复杂？我曾当着部下的面训斥一名课长——你辞职好了！虽然马上意识到失言了，但话已出口，无法挽回。

我自己没有“上班族”的概念，对于职场中不要发生无畏的摩擦，要给人保全脸面之类，作为集体一员应该懂得的道理，我基本上不屑一顾。我不知道一个推销不出产品的销售员心情是怎样的，也不想知道。终于有部下开始恨我了。由于我一味责备部下，结果给自己和部下都带来了不好的影响。

后来我把那些部下叫到自己的办公室指导帮助他们，或者留他们一起吃饭。几个挨过我骂的部下后来端正了态度。有的给我写信，说终于明白了我骂他们的用意；有的在宴席上对我表示感谢。

反过来说，之前他们并没有理解我骂他们的用意，而是非常恨我。从这个意义上讲，我当时的做法也的确欠妥。总之，担任支店长期间的我，在部下眼里就是一个可怕的像“魔鬼”一样的上司。

另外，因为自己一直从事营销工作，所以对待总务、会计部门的员工也多是轻慢的态度——你们这些工作，和销售的辛苦不可同日而语。坐在空调房间里上班，还有什么可说的，按指示办吧！可见，担任支店长的我作为组织的干部也不是完美无缺的。

尽管如此，我年仅四十岁就成了理光有史以来最年轻的董事。从 1960 年到 1970 年中期，这十几年间我的确堪称“销售之魔”，因为我的销售业绩在不断上升。也不知什么时候，我手下的销售团队被人誉为“田中军团”也闻名远近了。

又过了两年，我兼任了理光教育设备子公司的社长。那时的我可谓所向无敌，春风得意到了极点。但随后不久，我做梦也没有想到会一跤跌进落魄的深渊。

第三章　左右业绩好坏的社长观念变革

很多社长在公司里难得一见其真实面目。

社长自我感觉的形象和干部员工们心目中的形象大相径庭。因此员工们不能理解社长的意图，困惑犹疑，不知如何行动才好。这种情形下无法培养出合格的干部，员工也不会永久跟随，甚至出现反水现象。社长从事营销的成果便不可能很快在全公司展开。社长若能够觉察到自己在员工们心目中的形象和实际形象有差异，并能够革新自身的意识，那么他的公司就会朝着他希望的方向转变，变化之大，足以惊人。

1. 让社长的营销成果在全公司得以展开的关键

社长一个人孤军奋战

要让社长的营销成果在全公司各部门展开，什么最重要呢？

关于这个问题，我想强调的就是“如果社长不对自己的观念进行变革，其成果就无法在全公司展开”。

迄今为止，我和各行各业的中小企业经营者打过交道。让我印象深刻的是，社长自我感觉在公司内部的形象和干部员工以及外协、供货方等合作单位所体认的实际形象差异太大。造成这种差异的原因是社长思考什么、打算做什么，这些意图没有充分地向部下传达。结果形成了“开场锣响，无人上场”的尴尬局面，干部员工没有按照社长的意图被调动起来。

虽然社长苦口婆心地教导，想让部下听明白，但部下却在想“说了多少遍，但我还是没明白啊”，情不自禁地不耐烦起来，结果导致其想法和行动都发生了偏离。“常务董事和部长们倒是个个有模有样，但只是唯唯诺诺听我的指示，从来不动脑子思考问题。我没有得力的干才呀！”——有很多社长在我面前这样哀叹。

有的社长认为自己对部下情深意厚，很重视他们；但在员工看来却是动辄斥骂，简直没把自己当人看。这就是社长自己感觉的形象和员工及周围人心目中的社长形象差异太大的缘故。

这也是为什么我在前面的章节中一直强调，社长要通过亲自参与营销活动树立公司在市场中真实形象的重要性，以及为打开产品滞销局面要深入一线指挥的必要性。

要让社长自己意识到客户的变化和自己营销策略之间的差异，是一种面向公司外部的社长观念变革。在严峻的营销环境中，这是社长们必须急需解决的最重要的课题。

但是，在社长通过参与营销，发现自己的应对策略和公司外部变化不相协调并立即修正后，马上就要让全体员工意识到这种不协调，进而采取正确的应对措施。这就要求社长深入一线指挥。

社长亲临一线带头冲锋固然是好事，但若回头看，部下还远远地站在后面，只有社长一个人有干劲，那就不行了。

员工不能分担社长的危机感，干部总在等待领导指示，自己不思考问题。换言之，员工们没有按照社长的意图行事，有的员工甚至阳奉阴违，或者干脆一走了之。

说到这里，有人要问为什么会这样呢？这也是很多社长为之烦恼的问题。

很显然，企业不是靠社长一个人就能够运转起来的。社长要想让自己的营销成果直接推动企业的业绩增长，就必须在短时间内将自己的意图贯彻下去，要让从干部到最基层员工所有人都明白。

在这方面，很多社长可能都产生过大的误解。他们总认为自己明白的道理，别人也都会明白。因此碰到部下疑惑时，就斥责对方："你们想什么呢，怎么还不行动？"还抱怨他们是一群废物。

这时就要面向公司内部进行社长观念变革，因为很多社长在公司内的真实面目是完全看不到的。

有些社长向我咨询时，说话谦虚，看上去非常通情达理。但我访问该公司现场查证时，发现他们完全变成了另外一个人。说得极端一点，我甚至怀疑他们是双重人格。他们面对公司干部员工时的面目，让我怀疑这还是以前的那个社长吗？

一将功成万骨枯

时间过得真快，我作为一名经营顾问在全国各地东奔西跑也有十几年了。

这期间，我见过的经营者，恐怕已有数千之众了。接受咨询并去现场查证的公司也已不下500家。其中，约有两成的经营者，本人认识到公司的强项和问题，而且把握得很好。他们拥有很强的领导能力，很容易找到问题的解决办法，业绩很快趋于稳定。

还有三成经营者，他们完全不了解自己公司的强项和问题所在，而且还不听干部和周围人的建议。因此一直找不到导致业绩下滑的真正原因，其业绩持续恶化就是必然的了。

剩下五成的经营者，他们不属于前者和后者，从领导者的素质来看，似乎总有欠缺的地方，所以经营业绩总不稳定。

有这样一家食品加工企业（年销售额低于20亿日元，员工70人）的社长，他是当地颇有名气的白手起家的经营者。由于拥有卓越的技术能力，他推动企业实现了机械化，并以小批量、多品种、交期短的经营优势确立了现在的业界地位。但最近几年，20亿日元的销售额就如同一道坚不可摧、不可逾越的天堑横在面前，他们的销售再也无法前进一步，业绩出现下滑态势。那位社长不知道症结何在，于是找我咨询。

下面是我去这家公司进行现场查证时的情景。社长把我带进他引以为豪的工厂，他听了一下车间里的声音，马上对部下说："喂，那边声音不对。这边有异常。"仅在工厂的一个角落用耳朵听了一下，他就发现了机械设备的异常。

但是，他指出问题时的口气却是——"混账东西！都是傻瓜吗？"陪同巡视的工场长和股长每次都像受了惊吓似的，一个劲地点头称是。我发现他们看见社长过来，每个人都会神经质地紧张起来。但社长还是不满意，抱怨“我不发话就没有人会动，都是些无可救药的木头人”。

发现机械有异常声音时，他其实应该这样去问工场长或股长：“喂，工场长，那台设备是不是声音不对啊？”“股长，这台机器一直是这种声音吗？”让他们自己去想办法解决。可是这位社长不懂得培养干部。正因他无所不能的自负和优秀，所以形成了任何事情都是自上而下的解决机制。始终是自己在一线大包大揽，工场长和干部就永远培养不出来，所以销售额永远也无法突破20亿日元。

再举一个某地方商社社长的经营实例。这位也是一步步从底层干起来的，截至他如今70岁，公司经历过多次经营危机，他硬是凭借一己之力带领公司摆脱了困境。但公司始终维持在年营销额80亿日元、100名员工这样一个规模。因为这个原因，他非常自信，完全听不进别人的意见。

在我去他那里做现场查证的时候，他当着我的面大声申斥自己的员工。而那位员工，任凭社长痛骂，一声不吭。当地找工作比较难，为了工资，他只能选择忍耐。干部也多是唯命是从的应声虫。

当录用的应届大学生向他提意见时，他则用阴森森的眼光瞪着对方问：“你是在跟谁说话？”让人无法待下去。结果有能耐的人都被赶走了，留下的都是些庸人。在连续两年亏损之后，应他的咨询要求我去现场查证时，他仍然很自信地对我说:“这个公司是我辛苦打拼维持到今天的。”当我谈及他在公司里的表现时，他竟然生了气:“老师您说什么也没用。”在这种状况下，我知道再待下去也是白白浪费时间，就早早退出了，拒绝了这份工作。

中小企业创业者在事业发展到一定规模时，若不注意培养更多的优秀人才，将永远无法获得发展。在中小企业中能力上超过社长（历尽千辛万苦创业成功）的优秀人才非常少，这是理所当然的。尽管如此，但若把部下当傻子，一味夸耀自己能力强。这样的领导者也只不过是一个糊涂的山大王而已。虽说“一将功成万骨枯”，但一家公司若只有社长“一将功成”，其他人都是“死尸”，那么这家公司也断不能持续发展下去。

当然，这是一个极端的例子，也许多数社长都把员工视为自己实现梦想的合作者。

但社长也是人，长期居于高位，即便了解自己的缺点，也容易在部下面前流露出骄横的一面。小孩子姑且不说，就算成年人，知道自己的不足，想一下子改变固有的意识或想法也并非易事。更何况是社长、社会成功人士，自然都有很强的个性和自负心理。这些个性和心理很容易导致他们变得傲慢、听不进良言相劝。

社长长期身居高位，没有被人骂过，也没有人提醒自己应该注意什么，渐渐丧失了很强的自觉性和自我革新的机会。不知道自己这个社长在员工心目中的真实形象是个什么样，是永远无法进行观念变革的。

指责别人容易，那么我自己又是怎样的呢？从下个章节开始，我将叙述让自己蒙羞的一些往事，虽然冗长，但请坚持阅读。

鼎盛时期遭受“回家待岗”的处分

“你从明天开始不必来公司上班了。”

这是1976年6月3日，理光集团第二任社长馆林三喜男先生把我叫到他家，亲口跟我说的一句话。

那时的我，作为理光最年轻的董事，担任该职务已有四年，并且兼任了理光教育设备公司的社长，在业界享有“销售之魔”的美誉，可谓正处在“所向无敌”的鼎盛时期。

“你有出类拔萃的才干，也有领导能力，经营能力也很强，这是大家公认的，也为我所倚重。但是你也有缺点，完全不懂为人之道，不懂体察人心，不懂得工作需要大家通力合作才能做好。也就是说，你没有宗教之心，难成大事。所以我不能让你再待在公司。”

“你可以先回家去冷静思考一下，钱的问题不用担心。你为公司做出很大的贡献，工资将和现在一样照常发放。”

突然被宣布“回家待岗”，听完馆林先生严肃的谈话后，高傲的我一下蔫了。

这是我跨入不惑之年后遭遇的第一个人生挫折。

但是在此之前，我也曾预测过——这一天终究会到来吧?!因为我和馆林社长的关系已经糟糕到了无法修复的地步。

和馆林社长的争执

馆林社长和我是佐贺县同乡。他曾在内务省任职，后来又当过众议院议员和佐贺县副知事。是东京大学的高材生。据说在担任副知事期间就有“剃刀馆林”的雅号，是个非常聪明的人。

理光创始人——市村清先生是馆林先生担任众议员时的支持者。正因如此，市村先生让年过 65 岁的馆林先生出任了旗下三爱石油的副社长，以此对他从政界引退后的生活予以关照。1968 年市村清先生去世后，根据他的遗言，指定馆林先生为理光集团的第二任社长。

对这样的决定，我感到吃惊，也很反感。

“当过政府官员和议员，架子不小，对营销一窍不通，怎么能让这样的人当社长?!”——我对馆林先生是一百个看不起，这是当时真实的心情。

市村先生健在时，每次回佐贺县总要让佐贺出身的我同行，所以我非常了解当议员时的馆林先生。有一次，市村先生告诫官气很浓的馆林先生：“别太敏感了，你不能表现得豪放一些吗?”当时的馆林先生毕恭毕敬地聆听。馆林先生和有人情味儿的市村先生不同，他主张理论先行。他没有任何市场营销经验，甚至没有在民营企业工作过。就是这样的人成了理光第二任社长。

对于在营销一线摸爬滚打成长起来的我来讲，无法接受这个事实——一个彻头彻尾的外行人，能懂什么？所以我对馆林先生说话总是很狂妄——“社长，说那样的外行话可不行啊!”从不考虑他的感受，也不拿他当社长看，甚至当着众人的面这样说，让馆林先生颜面扫地。

当然，我的行为让馆林先生很生气，我们之间的隔阂越来越深。我从小就深受市村先生的疼爱，可以说是他一手培养起来的。我家和市村先生家的交情深厚，从我祖父开始，两家就有来往。我还是孩子的时候，我家和市村先生一家就有交往，我也备受市村先生的宠爱。正因有这层关系，大学毕业后我才很自然在理光公司就职（旧称理研光学）。

市村先生被誉为“销售之神”、“经济界的风云人物”，是励志传记中的杰出人物。他富有人情味，豁达，虽贵为理光集团的统帅，但为人谦虚平易。我一直崇拜市村先生，无论什么事都喜欢拿他作为标准进行衡量。

所以，完全不同类型的馆林先生，和我心目中的社长形象相去甚远。现在回过头去想，那时无论谁接任社长，我肯定都不会服气，总拿其和少有的杰出人物市村先生相比，这本身就有问题。

市村先生曾称赞我："公司若有三个田中这样的人，可保理光无忧。"于是周围人开始敬畏我，不知不觉间，自己就变得傲慢起来了。直到后来，理光的第四任社长浜田广先生的一句话才让我猛然醒悟，他说："哎呀，田中前辈当年在理光真是踌躇满志、威风八面。"这时我才意识到自己以前是何等的骄傲，禁不住面红耳赤。

馆林社长送给我一本小册子

馆林先生并非仅仅因为恨我，才让我下岗的——现在我可以冷静地这样想了。我甚至认为若当初馆林先生不处分我，就没有现在的我，实际上讲他可算我人生的大恩人。

但是，在被勒令回家待岗时，我满腹都是愤怒、仇恨和痛苦——这个混蛋，这回挨整了！不知馆林先生是否洞察到我当时的内心。宣布完决定后，他递给我一本小册子，说：

“一个经营者若无宗教之心，便无法胜任其职。这个送给你，请务必读一读。”书的封面，印有“禅宗要典”四个字。打开书，扉页上写着“谨呈　田中道信兄　1976年6月13日　毅堂馆林三喜男”。

“首先，每天早晨大声朗读‘修证义’的内容，然后精神集中地坐禅三十分钟以上，读读经也不错。特别是‘忏悔灭罪’的内容要反复阅读。”

“知道了。”我努力保持平静，极力维护自己的自尊心。

馆林先生为什么要我在家反省，还要加强精神修养，若是现在，我当然能明白他的用意。但当时，却只有对馆林先生强烈的不解和怨恨。两周后，我整理交接了手头的工作，怀着满腔的失意和悔恨离开了理光。

处分期间对自己的厌恶日甚一日

突然被勒令回家反省，我开始在苦闷中度日。

我是个极端热衷工作的人，不知如何打发闲暇时间，所以心里对馆林先生的怨恨和烦恼也是倍增——这个混蛋，可恶的东西！要是市村先生还健在，怎么也不会这样待我！

那段时间，我做什么都索然无味。说到像样点儿的兴趣，也只有为工作交往而学会的打高尔夫球了。为了消愁解闷，有时我也背上高尔夫球袋出去打几杆。曾经那么喜爱的娱乐活动，现在玩起来却总是心不在焉，了无生趣，心里只有无边无沿的空虚。

实在无聊得不行时，我就在院子里拔拔草或者修剪修剪花木，结果更加无聊。我感觉人生完全是空虚的，自己仿佛被社会抛弃了一样。与以前职场的上司和同事们的联系也在两周后渐渐断绝了。

“你这样的人才被下岗，太可惜了。不过别泄气，就当是在充电吧!”“你工作那么努力……唉，真遗憾！相信你一定有东山再起的机会!”

最初的一个星期，每天都有安慰或鼓励的电话打过来，后来渐渐就少了。两周后，就像海水退潮一样，所有人都不再给我打电话，上门访问者更是绝迹。以前被我当成朋友的同事也纷纷远离了我。

一次，我的叔叔对我说：“一个人如果离开了组织，再想回去可就难了。”我听后不由得更加没了精气神儿，感觉自己被所有人抛弃了。开始不安起来——推销、推销、推销！以前每天晚上在银座灯红酒绿、纸醉金迷的生活都成了虚幻一梦，今后我该怎么办呢?

不久，我开始后悔起来，常常嘟囔“我是不是干了不该干的事”？“也许是我做人的气量小了点”。曾经自认为那样强悍的我，渐渐变得虚弱了，人原来是这样脆弱不堪一击的吗？

“要不，干脆自己创业？”这么想时，我突然意识到，我之所以能调动几百亿日元的资金，指挥数百人的队伍，盖因背后有理光集团这个强大后盾支持的缘故，我个人不过是一上班族而已。曾以为所有成绩的取得都是靠自己个人的力量实现的。如今想来，这个想法是完全错误的。

此时，也有几家单位邀请我加盟，说：到我们这里来吧，好好干。考虑到我家和市村先生一家多年的交情，若不管不顾、一走了之，就辜负了疼爱我的市村先生。他是那样的关照我，没报答他就走了，我的心里会过意不去。这样想着，跳槽自然就毫无道理了。

就这样，我在家反省了三个星期之后，终于打开了馆林先生送我的那本《禅宗要典》，开始反复阅读馆林先生要我好好体会的“忏悔灭罪”的内容。

“我佛怜悯之余，广开慈门，以便证入一切众生，人天谁不愿入，彼三时恶业报，虽云有感，倘能忏悔，可减轻罪孽，或灭罪而得解脱。”

意思是说，佛祖对违背人伦天理犯下恶行的人尚能以慈悲之心待之，所以我们更没什么好担心的了，忏悔即可。如果我们能够反省自己的过失，那么即使之前给别人添了麻烦，做了错事，也一定能获得他人的谅解而减轻罪过。

我的不足之处太多了，只是一个令人生厌的俗人而已。虽然有时模模糊糊意识到一些，但要说能从内心进行反省，纯粹是谎话。于是，我开始每天早晨去镰仓的圆觉寺参拜、坐禅。越想成为“无”，我离“无”的境界却愈行愈远。

我利用闲暇时间大量阅读经书，知识渐渐丰富起来。但是，我能理解这些知识的意思，却不能接受。比如“放下执著”的教义，原意是说要放下过去的是非恩怨，解放自己，正视眼前的现实。虽然我心里能完全理解，但要放弃过去却怎么也做不到。

我还曾仿效达摩祖师，面壁几小时内省，也收效甚微。大量阅读经典，反复坐禅，都没能让自己忘掉过去。“我能容忍自己就这样完蛋吗?”——这个心底的欲望让我变得没了志气。

其实，知识的学习和吸收利用是完全不同的两码事。

早晨坐禅、白天读经能让自己暂时忘忧，但到了晚上，我又完全被寂寞包围了。只好喋喋不休地向妻子诉说胸中的苦闷，直至深夜。每当这个时候，我都能发现自己的内心世界原来是如此脆弱，越发厌恶自己。

觉悟

我真正的觉悟是在回家反省三个多月之后才有的。

一天，妻子突然接到馆林先生打来的电话，邀请她去世田谷的家，还非常周到地安排了公司用车接送。妻子从馆林先生家一回来，就冲我嚷嚷开来。

“孩子他爸，之前你到底都做了些什么，对那么好一个老爷子？”

妻子的话弄得我一头雾水。

之前听到的都是我对馆林先生一面之词的评价，因此妻子对馆林先生没什么好印象。但经这次面谈，发现情况和想象的完全不一样。前后对比，自然会觉得我所做的和我所说的有差异。

据妻子讲，馆林先生开口对她说的第一句话是：

“夫人，您和田中君这样恣意而为的男人结婚后，一直在一起生活吗？”妻子听后，不明就里，一时不知如何回答。我也愕然了——馆林先生竟然把我看成了冷酷的家庭暴君。虽然我不知道自己能否算得上是个好丈夫，但心里一直有以自己的方式善待妻子的想法。对于只见过我在职场待人严苛的馆林先生来说，那就是我全部品格。

“田中君现在怎么样？”馆林先生又问。

“这段时间一直在坐禅，有时也去银座书店买关于禅宗方面的书籍，发奋读书呢。”妻子回答。

馆林先生接着问，“去银座乘坐电车吗？”

我家在横滨市郊外的保土谷，去银座坐电车是理所当然的。妻子听馆林先生这样问，瞬间愣了一下，不明白他意思。“是的，是乘坐电车。”妻子回答。

馆林先生立刻很吃惊地说：

“田中君现在连小汽车都不坐了？”

从年轻时起，我上下班从来都是公司派车接送的。每天只需仰坐在后排座位里就行，司机自会送我去要去的地方。看见这样的我乘坐电车，的确可能有点让人难以想象。

“这段时间，因为没事做，有时候出去打打高尔夫球。”

“和球友一道？”

“有时我们家叔叔或我陪他一起去，平时就他一个人。”

听了妻子的回答，馆林先生的脸上再次露出惊讶的神情。

“咦，田中君现在打球也不用人陪同了？”

馆林先生把我看成趾高气扬、自高自大的人，这让我内心触动很深。尽管我想否认，但也不得不承认确有被他说中的地方，馆林先生所言正是我的真实形象。

直到这时，我才第一次意识到自己的愚蠢和无知。

“如果田中君有了这么大的变化，我想和他见一面。”馆林先生最后对妻子说。然而遗憾的是，他的这个愿望没能实现，馆林先生就溘然长逝了。

接到讣告电话时，我的心情很复杂。对馆林先生的怨恨已经没有了，原本想经过反省重回公司，通过实际行动改变他过去对自己的看法，如今这个愿望无法实现了，那份失落感几乎把我淹没。这件事让我对追悔莫及有了真实体验。

从很多社长身上我看到了自己过去的影子

我为什么要在这里把自己不堪的过去絮絮叨叨向大家介绍呢？

因为我在给企业做咨询时，看到很多社长的所作所为，常常让我想起过去的自己。特别是看到那些擅长营销又具攻击性的社长，这种倾向尤为显著。之所以这样，大概是因为我有过痛苦体验的缘故吧。

幸运的是，馆林社长帮我认识到了真实的自我。对于现在的很多社长而言，能帮他们认识到真实自我的人还不太多，即使有，也是让人望而生畏、难以接近的人。这是当前的实情。因此，和过去的我一样，傲慢、不懂得尊重别人，过分自信的经营者现在仍然存在。因为过于傲慢，社长亲自参与营销活动获得的宝贵成果就无法在全公司展开，以致难以带动业绩增长。即使能展开也是一时的，无法产生长久的影响。

作为一名社长，必须尽早认清真实的自我。如果做不到，那么社长营销的威力将减损一半，这一点至关重要，无论强调多少遍都不为过。

2. 怎样改变自己

我的观念变革过程

想改变自己并非易事。如果自己能够快速改变，那就不需要费那么大的劲，也不需要宗教和哲学来帮忙了。

被人指出缺点和不足是一件痛苦的事，一旦意识到缺点和不足就不得不改正。而观念变革的痛苦和艰难尤甚。

我既非心理学家，也不是宗教学者，对于专业领域的知识也不甚了了。但我愿意讲述“怎么做能够改变自己”的问题，以及自己经历沉重挫折时的实际体验，供大家参考。故事还得从在家反省时说起。

馆林先生去世以后，他的那句“你不懂得体察人心”的话始终萦绕在我的耳畔，我开始重新研读他送我的那本《禅宗要典》。

“光阴似箭，人生如露。如何极尽奇技淫巧、苟延残喘，也不过是徒活百年却遗恨终生，行尸走肉而已。”

人什么时候死亡，我们不得而知。既然如此，我们为什么还要轻视生命，不负责任地得过且过呢？浪费生命、稽费时日，纵然有百年之寿，也无非一具行尸走肉的形骸而已。所以，要更加珍惜生命。在馆林先生去世后的今天，这句话越发揪紧了我的心。

“纵令你一生都在追逐声色犬马，只要有一天斋戒礼佛，也能减轻罪孽，而无需一辈子潜心向佛。”

即使多有恶行，穷奢极欲地生活，若能从内心反省，求得新生，对于佛的报恩之念哪怕只存在一瞬间，也有很大的价值。但是，当时的我错误地认为自己是凭能力生活的，从未想过有谁帮过自己。

说到这里，有这样一个故事不能不提。

在馆林先生就任社长后不久，我因为过度劳累，患上了自律神经紊乱，住院治疗了一年。虽然我因病从大阪支店长的岗位上退下来了，但馆林先生仍然决定：我住院期间可以随时自由回公司；将支店长办公室隔壁的原来市村先生的房间腾出来供我使用；并为我出院后安排了一个本部长的职位虚位以待。按理说，那时我就应该感受到馆林先生对我的良苦用心，可是我没有那么想，却认为馆林先生的关照是理所当然的，是我的工作能力使然。

就这样，我把自己以往的过错，逐一列举，发现原来我有很多做得不对的地方。这真是一个痛苦的过程。抱着最后的希望重读《禅宗要典》，成了反省过去、针砭自我的过程。

我相信自己是个表里如一、用情至深的人。但是，若这样客观地反思自己过去的言行，会出现怎样的结果呢？自己缺乏人性化的做法，已经伤害了很多人。

佛祖认为，一个人无论有过多少恶行，只要他反躬自省、心存谦虚，就还有救。尽管如此，那些被我伤害过的人能原谅我吗？想到这，我的心情依然沉重。

“生死之中，当求生得其所。重视修身养性，勿使人生随风飘零。”

人性是善良的，你能欺骗别人，却骗不了自己。其他动物能做到这些吗？虽然人也时有为善、时有为恶的两面性，但是人的本性是好的。这句话要求我们要正确认识人性问题，不要无所作为地虚度一生。就是“人之初，性本善”这句话拯救了我的灵魂。

越读《禅宗要典》越发现自己的弱点原来是如此之多。

高桥先生的建议

为了“拯救自己的灵魂”，我到镰仓的圆觉寺坐禅，还找来一本叫“四柱推命”的书检查自己的人生。因为对我的潦倒状况不忍卒视，曾经在理光引进 TQC 时指导过我们的矶边邦夫先生，带我去拜见了著名的宗教人士高桥信次先生。

高桥先生认真听完我对事情原委的叙述后，明确地说：

“田中先生，你的脑袋就像计算机，脑筋转得比别人快，对事物的理解总能领先三四步，所以你不能等别人。这就是你最大的问题。”

高桥先生的话的确有些道理。我是个急性子的人，看见部下不能理解我的意图，就会急躁，常常责骂他们——你们卖得还不及我的 1/10，都是干什么吃的？

“你的部下们认为他们实际上为你做了很多事，只是你没有意识到这个问题。”经高桥先生这么一说，我无言以对了。因为我从没考虑过部下为我尽力的问题。

“人是不一样的，千人千面。所有人都像你脑筋转得那么快是不可能的。有的人脑筋虽然转得慢，但诚实可信；也有人开始阶段反应慢、业绩比较差，但后来成长迅速，属大器晚成型。所以你必须要有等待别人进步的度量。你之所以变成现在这个样子，也许跟你气量狭小不无关系。在今后的人生路上，必须懂得：要想成功就要从观照自心、与人合作做起。”

我哑口无言。

高桥先生继续说：“你的身后有一个保护神，请让你的保护神了解自己的内心，他一定会帮助你。保护神不求任何回报，他看你现在如此痛苦，正想施以援手。在你身后站有一个无所不能的保护神，他正在提醒你‘当心！当心！’你没听见吗?”我一边听着，一边眼泪止不住流了下来。

不要做“朽木”

通过阅读禅宗泽木兴道法师的著作，我也学到了不少东西。

泽木法师一生，没有家没有名誉也没有地位，人称“四海为家的兴道”。他无欲无求，潜心钻研禅宗教义。有人捐钱给他，他会施礼接受。无论捐多少钱，他都以“谢谢”两个字回敬。

泽木法师在他的著作中写道:“人，活在当下是最重要的。如果还要想过去怎么样，将来怎么样，就会得神经衰弱症。活在当下是再重要不过的事情，那才是活生生的生活。”

吃饭时专心吃饭，学习时拼命学习。为考上东大，为当官发财，这样的贪欲之心越强烈，行动反而越容易受阻。体育运动也一样，刚才还能轻松自如参加比赛的选手，一旦意识到夺金任务，肩上立刻感受到额外的压力。就是说，不要考虑将来和过去的事，一心一意专注于现在。

泽木法师的书中“不要做朽木”的话语令人振聋发聩。

意思是说，不要被人说几句就受不了，扛不住批评是成不了大事的，必须学会忍耐，把握住现在。不要在意别人的评判，而应针对当前事情切实付诸行动。

现在，虽然我已经成了这样一块“朽木”，但我还活着还有存在的价值，这一切毋庸置疑。我必须更切实地对自己人生负责任。法师的教诲给了我勇气。

关于这个问题，《禅宗要典》里下面的一句话也让我深受启发。

“人身不易，佛法难逢。因为我们前世的善根，才得以转世为人，受惠于佛法。”

意思是说，我们能来到这个世界上，是因为我们有足够好的运气。在世界上数 10 亿人当中，我们现在有所觉悟，是因为我们受到了某种点拨，故而能够越万难成其为人，并得到佛法的护佑。就是说，我们能够来到这个世界上，就是一种价值的体现。

通过读书学习，不知不觉间我的思想获得了一些急需的养分。这时内心的屈辱感和焦躁感，虽然还不能说已经消失殆尽，但是我已经把滞留在心底的私心杂念驱逐出来了。因此心情变得平静了。

自己改变了，周围人也会改变

在馆林先生做了“你不懂体察人心”的判断之后，我意外地被解职回家反省。反省期间，馆林先生去世。一个月后，公司给了我一个新技术开发财团事务局长的职务。这是市村先生通过个人捐助、为开发先进技术的组织提供补助金的机构。

但这个事务局长实际上只是个闲职，局里的工作人员也只有三个中年男人和三个中年女人。我在营销世界里纵横驰骋、日夜拼杀惯了，如今到这个和营销完全无关的单位上班，打发时间，简直就像被人打个半死。

幸好，事务局长有一间单独的办公室，我可以在这里不避耳目地专心读书。“知足者常乐，能忍者自安”，这时的我渐渐能够真心反省自己了——落到现在这般田地，都是因为自己不成熟造成的。

下面这件事发生在我任闲职一年后，一次去银座找人商谈公事。

当时我听到有人过来跟我打招呼——“哎呀，这不是田中先生吗?”仔细一看，原来曾任经济记者，担任过理光广告业务负责人的富士野守也先生。

“好久不见了，一块喝杯茶吧!”

走进茶馆，富士野先生就开口问我:“你现在混得怎么样?

人也瘦了，无精打采的、一点精神头都没有，怎么啦?”

“富士野先生，说起来惭愧啊……”，我向他介绍了自己的现状。

“你的事我听说了一点，真是遗憾啊！像你这样努力的人竟然落到了这步田地！”富士野先生真心同情我。

富士野先生是唯一一位能够在理光·三爱集团的老板市村幸惠夫人面前直言进谏的人。他非常善于抓住女性的心理，对市村夫人经常是以“夫人，这样不行，公司这种状态如果再持续下去，将会出问题”的直率口吻提出建议。虽然那时市村夫人的权威如同女皇一样君临天下，但总能听取富士野先生的建议。正是富士野先生在市村夫人面前替我进言，说把田中放在事务局长的岗位上太可惜了。

另外，市村先生的胞弟茂人先生（原三爱不动产公司会长）也对我很关心。每次去他那里总要请我吃饭，问长问短。他也向市村夫人建言：难道要永远把田中君弃之不用吗？希望公司还是设法给他个机会。

也许是这些朋友们的热心帮助起了作用吧，公司终于找我谈话了，让我兼任三爱石油设备公司的常务董事，代行社长职务。这个三爱石油设备公司本是三爱石油的设备事业部，由于一直处于亏损状态，成了公司的包袱。因此总部决定将它从三爱石油分离，单独成立一家公司。虽然只是一家年销售额 10

亿日元不起眼的小公司，但想到自己正苦于无法消磨时间，就欣然接受了。在随后的两年时间里，实现了扭亏为盈。如今这家公司已经更名为三爱设备工业公司，成长为年销售额 100 亿日元的企业。

后来，还有几位朋友为我的将来着想，先后向市村夫人进言。

其中一位是酉岛制作所已故的原田龙平社长。他安慰我说:“真是太可惜了，我会找市村先生的夫人说说。”原田社长和市村先生关系亲密，和我父亲是长崎高级商科学校的同学，是佐贺县的老前辈。每次进京，他都要打招呼让我过去吃饭。

还有佐贺县选出的众议员坂井隆宪先生的父亲隆治先生。他生前也是市村先生的好友，对我疼爱有加。他激励我说:“我找市村夫人说过了，你太可怜了。”

坂井先生、原田先生和市村先生都是兄弟关系。关于我的事，无论好坏，他们都能从市村先生那里听到一些。如果我始终保持当年那种倨傲不逊的态度，他们一定会认为我修为不够，而不敢去市村夫人那里为我说情。正因看到现在的我和过去不同，进行了充分的反省，有了很大的变化，才决定帮忙的。不知不觉间，很多有影响的人纷纷出面向市村夫人替我说情。

1980 年春，在我反省四年后，市村夫人把我叫了去。

“今天，我要和你说一件重要的事情。现在，三爱的业绩很不好，我想借你一臂之力，怎样？”

说到三爱，那是理光集团的骨干企业。虽然我一直从事的是工厂产品的营销，但这次要面对的却是女服零售业务。可是当时我没有拒绝的理由，只好接受下来。

“第一年，你享受常务董事待遇充当顾问，如何？”

“当然没问题。”

虽然我对回归理光集团核心工作岗位已经不抱希望了，但现在公司又起用了我，当时我的心里充满了感激，情不自禁地流下了眼泪。

又要投入繁忙的工作中去了，这是最让我兴奋的事。四年的痛苦终于得到了回报，那份感激之情至今难忘。

我能够回来，完全有赖于周围朋友们的尽力帮助。因为看到了我的变化，周围的朋友们开始纷纷找市村夫人替我说情，并最终打动了夫人的心。这正暗合了馆林先生所说的“自证则暗，兼证则明。”想来，原本骄傲自大的我，从意识到自己的缺点到一点点矫正了这些缺点，整整花了四年时间。

俗话说“江山易改，本性难移”。要让一个身染恶习的人改掉身上的毛病，变成诚实可信的人是很难的，当然也存在个体差异的问题，不能说所有的社长都是倨傲不逊之人。但是，对于多数社长来说，改正自身性格上的缺点绝非易事。尽管如此，我还是希望大家注意推进自身的观念变革，所以再次老调重弹。

关于社长的观念变革，重要的有以下三点：

第一，要有当头棒喝或提醒自己的人；

第二，在被人指出缺点时不要生气，要以第三者的眼光来审视自己；

第三，只要认识到缺点，就要改正。

如能做到这些，我们的周围就会发生很大的变化。干部员工就能很好地理解社长的意图。社长就可以通过自己外部的营销活动，团结全体员工一起来面对公司已发现的问题。这样，其结果必然会促进公司业绩的提高，作为经营者的社长也能获得更大的进步。

但是，也许有些社长不能像我那样花四年时间去修炼，因此接下来，我将阐述我在后来领悟出的“促进自我觉悟的两个思想方法”。

领导者不可或缺的“第三种能力”

“老师有‘在家待岗’的休克疗法，我该怎么办呢?”

在给一些企业社长做咨询的时候，最让我感到力不从心的是，我想不出能让对方信服的合适说词，因为我既不是学者也不是专家，所以最后只能把自己的亲身经历原原本本讲述一遍而已。

而若引用宗教教义，有些社长会反感或者难以理解，怎样才能让我的咨询通俗易懂且容易让对方接受，这成了令我苦恼的一个问题。

后来，《工业新闻日刊》记者高桥真由美女士给我介绍了一本书，是早稻田大学名誉教授本明宽先生写的《第三标准》（钻石出版社 1997 年刊）。读了这本书，我才如梦方醒。现将其要点简单介绍一些。

本明先生认为人的能力可分为三个方面。

第一种能力是 IQ 或学习能力，也就是“智力”；第二种能力是资格和技能，称为“技术能力”；第三种是“态度能力”。

本明先生指出，以前日本企业在评价优秀能力的时候主要看第一、第二种能力，今后第三种能力“态度能力”将成为一个重要的评价标准。

“态度能力”由四大要点十四个特性组成。以下引用原书中的内容。

①搞好人际关系的特性（为人谦和）＝协调性、指导性、共感性

②成为实现目标原动力的特性（积极性、创造性）＝积

极性、慎重、责任感、活动能力、持久性、思考能力、自主性

③感情、情绪的控制特性（自控能力）＝相信自己、情绪稳定

④遵守社会规范的特性（角色意识）＝规律性、顺从

本明先生说，这些特性是现代社会人共同特性，是今后重要的能力衡量标准。相对于“IQ”，有些专家把“态度能力”称为“EQ”，二者的关注点都是一样的。

关于“态度能力”强的人，本明先生总结为以下几个类型：

①积极开朗，有幽默感；

②为人热情，体贴他人；

③擅长处理人际关系；

④擅长控制自己的情绪；

⑤能精力充沛地投入工作；

⑥诚实可信；

⑦三思而后行；

⑧喜欢探索新事物。

但是，以前的学校教育不重视态度能力的培养，没有教授与之相关的重要知识。因此，企业在教育员工的时候要注意培养员工以下四个方面的能力。

①胜任并从工作中感受到快乐＝积极性、慎重、责任感、

活动能力、持续性、思考能力

②受人欢迎、性格开朗 = 协调性、共感性、指导性

③自信、心胸宽广 = 相信自己、情绪稳定

④生活有目标、为人谦虚 = 自主性、规律性、顺从

本明先生最后总结说："这些能力都是通过提高态度能力获得的。态度能力的培养，对商务人士来说无疑可以提升自身的工作能力，而对于普通人来说，则是通向幸福人生大门的钥匙。"

"啊，原来如此。"——我对照自己的亲身经历，对本明先生的理论心悦诚服。

一个人仅有智能和技能，应付工作可能没问题，但人生不一定幸福。特别是那些身居高位的社长，如果欠缺态度能力，就无法让部下按照自己的意图工作。而使用强迫手段，又会遭到部下极大的反抗和抵制，结果使自己陷入窘境。

我经过四年的痛苦自省所获得的，也正是这个"态度能力"。遗憾的是，本明先生书中没写培养态度能力的方法。

约哈里之窗

所谓观念变革，就是自觉，能够认识自己所不了解的自我。谁若能做到这一点，就可以说他的观念变革已经开始了。

心理学上有个著名的理论叫“约哈里之窗”如图一所示，它是1955年由心理学家约瑟夫·勒夫和哈里·英格拉姆共同提出的，所以用两人的名字“约哈里”来命名。

约瑟夫和哈里以“是否了解自己”和“是否为他人所知”为轴（如图一所示），将人的心理分成四种，分别是：

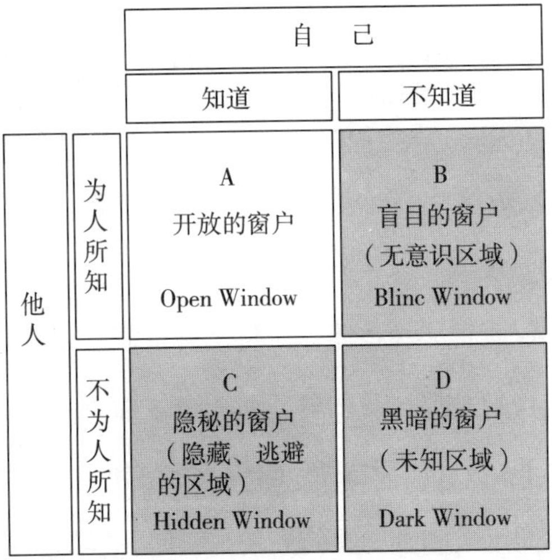

图一　约哈里之窗

①开放的窗户（图一的A部分，Open Window）

②盲目的窗户（图一的B部分，Blind Window）

③隐蔽的窗户（图一的C部分，Hidden Window）

④黑暗的窗户（图一的D部分，Dark Window）

分别表示的意思是：

“开放的窗户”表示自己和他人都知道，可自由行动的区域；

“盲目的窗户”表示他人知道，但自己不知道的无意识区域；

“隐蔽的窗户”表示自己知道，但他人不知道的隐秘、逃避区域；

“黑暗的窗户”表示自己和他人都不知道的未知区域。

这就是著名的“约哈里之窗”。

曾经的我，A 的“开放的窗户”太小，所以从不在意别人如何看待自己。对于一名社长来说，大开 A 窗至关重要，图二非常清楚地表达了这个意思。

顺着箭头方向，从 A 区域向 C 区域扩展，可以向他人开放自己，减少隐藏的事情或逃避的问题。同时自己开放，从 A 区域向 B 区域扩展，提高了自己对周围人的共感性。

近年来，由于“约哈里之窗”理论的深入人心，很多人开始把它作为能力开发的一个环节加以应用了。

而在此之前的企业培训，其方法多半是以传授和业务相关的必要知识，压制个性行为的模式化训练为主，也可以说成是扼杀个人能力的教育。近几年的销售员水平，甚至连接听电话都做不好。因为他们对公司内使用措辞的理解各式各样，所以在使用职场共同语言时就会出问题。对于企业来说，员工研修

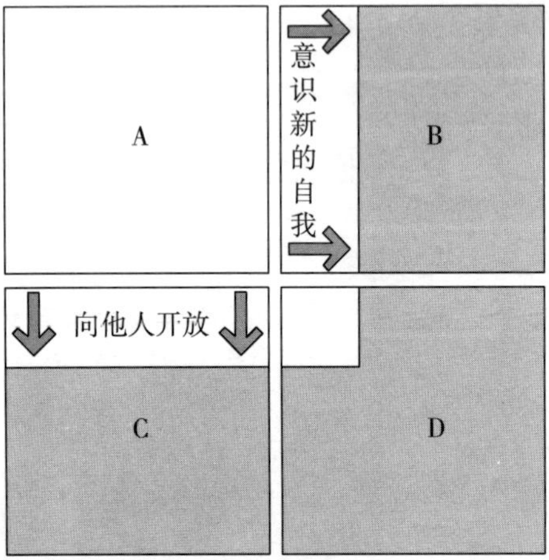

图二　A 区域的扩大

成了必需的一环。但是，仅有这些教育并不能让员工顺利完成各自承担的工作，尤其无法培养出企业高层管理干部们的“态度能力”。

我们在社会生活中，不知不觉会给自己化上浓妆，以致忘记了真实的自我。要洗去妆容，还原自己的本来面目，就必须一层一层地卸妆。

于是出现了新的“意识”和“感受性”培训模式。

这种培训模式也可说成“将员工自身蕴藏的无限可能性激发出来”，从美国引进的“ST（Sensitivity training，敏感性训练法）”是其中的代表。就是通过训练，把他人意识到的、自己却未意识到的“无意识的自己”唤醒，去扩展前面提到的“开放的窗户”。

据说，这种训练模式是美国麻省理工学院组织动态研究所于1940年设计而成，20世纪60年代传入日本的。当初因为是从美国直接引进的，实施过程中，和日本人多愁善感的性格不相适应，加上培训人员不成熟，结果出了一些问题。现在，听说改进了的各种“意识训练”已经普及，甚至还出现了利用催眠疗法进行暗示训练的做法。因为为没有实际接受过这种训练，所以无法判断它们的好坏。

我所体验过的“观念教育”，并自认为效果显著的当属HPD（Human Potential Development Center）训练。

邂逅 HPD

那还是在三爱任职期间。一次，人事部长松尾道雄先生告诉我一个消息，说有一家人才潜能开发中心（现改名为 HPD）的机构，他们以禅宗思维方式为基础开展观念教育活动——将心理禅、内观法融入现代教育程序，观照内心，检点不足。这是面向商务人士的培训项目。

于是我开始关注这个以禅宗教义为基础的“客观看待自己”的教程，并尝试着参加了他们的研讨班。一期四日三夜（现在是五日四夜），所有参加者完全没有官职、性别等差异，仅以个人的身份参加小组讨论。大家围绕给定的议题展开讨论，然后把对对方的感受按照规定格式写成报告。

因为相互之间没有任何忌惮，畅所欲言地陈述意见，所以自己的想法和他人理解方式之间的差距就一目了然。如果差距过大，就能引起当事人的警醒。

比如，有人自认为有领导能力，在小组里试图强行调解争议，或者控制其他人的言论。当他的自我主张过于强硬且不被小组成员理解时，那么其他人就会像遭到陷害一样猛烈地回应他。如果有人对你印象不好并回击你，则说明你自己有问题。如果我们心怀诚意地和对方接触，对方自然也会向我们敞开心扉。从这些事例中，我们可以真切感受到“对方是我们的一面镜子”。

教程中还有一项内容是“尽可能回忆自己最亲近人的缺点，并记录下来”。对于我来说，这个人当然是妻子。列举身边人的缺点，大家都能轻松地写出很多。写完缺点后，又被告知要写出最亲近人的优点。提起笔来，妻子的三四个优点立刻浮现在脑际，但渐渐地就写不下去了。看看其他参加者，也一样在苦思冥想——难道说我们平时都只注意寻找别人的缺点，而看不到优点吗？此训练教程让我们意识到了这个问题。

HPD 训练教程将东方思想、内观学和深层心理等孕育了日本历史和文化的智慧与科学程序有机结合，逐步引导人们还原人性本真，所有人都能理解。

我花了四年时间重新审视自己，所进行的不充分的观念变革，但通过 HPD 能在很短时间内完成。本着这个想法，后来为了三爱的观念变革，我从公司选送了 200 名员工参加 HPD 研修，并以此为基础开始重建工作。就是现在，如有必要，我也会劝那些来找我咨询的社长参加这样的研修活动，以提高企业管理的改进效果。

当然，这并非是在替 HPD 做广告。

我希望社长们能够尽快了解自己在员工心目中的形象，以及自我认知和实际表现之间的差异，一旦发现差异就要立刻改正。作为参考，我介绍了以上这些具体方法。

虽然社长自己进行观念变革是个很艰难的课题，但希望大家绝不能因此逃避。社长若不进行观念变革，即使社长能通过自身营销活动觉察到公司策略和市场变化之间的巨大差异，全体员工也很难凝心聚力切实对其进行修正。

3. 【实例】员工不断流失的 K 公司的快速成长

较之大企业，中小企业更有价值

综观我咨询的这些社长，就个性而言可谓各具特色。有些人毫不掩饰自己的缺点，有些人长处多于短处，所以员工们也愿意跟随。还有些人生来文雅，且性格开朗，他们能够团结员工开拓创新，发展事业。

所以，我在这里无论列举多少社长不尽人如意的事例，仍然会有不少社长意识不到自己、只是讥笑别人——啊，还有这样的笨蛋社长啊？

为了那些无人提醒、无人批评的社长们，下面我将介绍一个我在咨询过程中遇到的“社长变、则全局变”的真实事例。

K公司是一家总部位于东京筑地的食品批发企业，它在2003年开始起步，以经营二十四小时寿司店获得了巨大成功。现在经营业务门类除了食品批发，还有盒饭、水产品零售和便利店等。另外，由于寿司店经营的展开，他们已经快速成长为一家拥有800名员工，年销售额130亿日元的企业。虽然利润不能公开，但在当时已达到一个让人惊讶的数字。

我和这家公司的K社长首次相见是在15年前。

我从三爱社长卸任后，闲暇时间多了，于是就想利用自己多年来的经验尝试做经营咨询工作。为此，我去拜访日本经营合理化协会的牟田理事长。牟田理事长说：“老师，如果您有这个想法，那么有一位经营者希望您能指导一下，他的企业很有前途也挺有意思。”牟田理事长介绍给我的这个人就是K社长。

他在介绍K社长的时候是这样说的：

“K先生过人之处是洞悉业务的眼光，这种本能性的敏锐感觉，在目前为止的众多经营者中无人能及。他能在发现线索后立刻行动，一旦判断行不通时也能迅速撤出，而不至于造成大的损失。虽然只有38岁，但对商业时机的精准把握让我佩服。”

“为人开朗，直性子，单纯正直，对人不疑神疑鬼。不拘小节，一旦有事沉着大胆。值得老师一教。”

“不过也有缺点，那就是没常性，不善用人。因为被各种业务项目弄得眼花缭乱，所以不能很好地发展事业和培育员工。同行业的很多后进者在参考了他做事的方法之后，事业都获得了很大发展，只有他一直是个半吊子。我告诫他，现在到了该正式聚焦核心业务的时候了，老师您看怎么样？”

我出身于大企业，耳闻目睹的都是年销售额1000亿日元的商界巨头，而K公司当时的年销售额不足20亿日元，差距太大。与其说我对K公司不感兴趣，倒不如说因为环境迥异，我担心自己的咨询能否发挥作用，所以对于牟田理事长的提议不能立刻答应。

看到我有些迟疑，牟田理事长开始说服我：

“老师当年在理光的时候，深入到代理店的经营一线整顿销售网络，那些代理店的规模和现在的K公司恐怕也相差无儿吧？您不是被称为名扬天下的企业经营者市村清先生的得意门生吗？虽说您来自大企业，但您和普通的企业经营管理者是不一样的。在三爱的时候，奉行‘一线主义’的老师您不是亲手扶植了好几个年销售额10亿日元的小企业吗？现在对于K公司来说，最重要的是确立主营业务并有组织地推进运营。我认为它可以充分借鉴老师您的成功经验。”

被他这么一说，我不由得热血沸腾。好吧，那就见见K社长。

后来我和K社长见了面，他给我的印象和牟田理事长的介绍一致，是个热情正直的人。在谈到自己事业观的时候，本能地把客户看成“上帝”，让人感觉他乐于取悦客户。说到经营感觉，也了解一些关于资金和盈亏是不同概念的知识。作为经营者他具备了基本素质。

虽然那时的我还是三爱石油的董事，同时兼任我在三爱任职期间有业务关系的几家公司的顾问或董事，但K社长的真诚态度，让我萌生了要以此为契机从事经营咨询工作。尽可能提出一些有利于企业经营发展的建议和意见，并以此回报那些曾经培养过我的人。

从那时起，一转眼十几年过去了。虽然给大企业做咨询是件很有趣的事，但对中小企业直接提出建议往往效果明显，更有成就感。现在想来，当初如果没有和K社长见面，我可能不会发现促使我最终走上经营咨询之路的契机。

社长不受员工拥戴

言归正传。后来我就对K公司进行了首次查证访问。

K公司的事务所很简陋，一个小房间里挤着社长和二十几个办事员，桌椅摆得杂乱无章。来了客人，就让坐在靠近门口的一个简易沙发上休息，从这里可以对事务所的全貌一览无余。我去查证时，看见K社长和一个干部正在商量着什么。

“老师，对不起，我这里马上结束。喂，给田中先生上茶！”K社长和我打着招呼。

他和那位干部模样人的谈话，声音由开始的窃窃私语渐渐变得大起来，最后竟然高声斥骂——“所以说那样不行嘛，你要我说多少遍才能明白？”K先生说话很快，最近我才慢慢适应。刚开始和他接触，有时根本听不明白。K公司的干部们在理解社长意图之前也总在想——“我有没有听懂社长说的话？”

查证之前，我首先调查了一下K先生以前的创业经过。

他一开始是在学生时代曾打过工的筑地市做食品批发，在业务步入正轨之后成立了公司。然后以此为契机，利用自己经营的食材做起了盒饭生意。

利用筑地当地新鲜食材做成的盒饭很有名气，通过在周边地区扩张业务能赚很多钱。后来他发现经营弹子房也很赚钱，于是开始染指弹子房。再后来他又发现每天还款的放贷也有利可图，于是又做起了放贷生意，这些业务都帮他赚了不少钱。手上有钱之后，他又先后经营过当时流行的台球厅和卡拉 OK，真是一位觉着什么有意思就干什么的主儿。弹子房和台球厅是比较特殊的生意，从业人员需要具备普通上班族所没有的工作技能，而这正是 K 社长的过人之处，他总能通过自己的人脉关系找到这些必需的人才。

台球厅和卡拉 OK 很快就过时了，立刻被新的业务形式所代替。虽然这种转换做得很漂亮，但对以前用的人，K 社长只是简单地让他们调换到新的工作岗位，这让很多员工无法忍受。于是员工们不再拥戴这位在业务上不断推陈出新的社长。因此，无论 K 社长如何专注于业务，如何热情真诚，干部员工还是不能理解他的所思所想，结果纷纷辞职而去。

当我看到 K 先生对部下大吼的样子，心想："啊，他和过去的我一样，也没有意识到自己在公司员工心目中的真实形象是怎样的。"

如果我来干，就能销售更多产品

后来我同意担任 K 公司的会长，和 K 社长有过这样一次闲谈。

“会长，我的这个盒饭店，只要我在店里，一天几万日元进账是没问题的，但若我不在就不行了。”K 社长抱怨地说。经了解，各店的管理模式是店长和中年女性临时工负责销售，事业部长来回巡视。而社长对事业部长总是不满——“要是我来巡视，各店的销售量就能翻倍。”

当时，他们的年营收已有 2000 万日元，这是相当了不起的业绩。

我对 K 社长这样说：“K 先生，依我看，以你的营销才能，年销售额突破 100 亿日元很轻松。之所以现在很难突破 20 亿日元的关口，原因在于你的用人方法不对，你的组织机构没有发挥作用。虽然凭借个人的营销灵感可轻松实现 10 亿日元的营销业绩，但要实现 20 亿、50 亿日元的销售额，仅靠你一个人就办不到了。如果你不能培育出能理解自己意图的干部，让公司的组织机构有效运作起来，那么盒饭店将永远只有你一个人在奋斗，可以赚一些小钱，但无法成就大事业。”

K 社长似乎平时就很关注这个问题，听了我的批评，顿时没了精神。

“会长，您说得全对。但现在怎么做才能改变这种现状呢?”

“实际上，我在出任三爱社长之前，也碰到过类似情况。”

我开始向 K 社长大谈自己那些不光彩的历史。K 社长听后说："是吗，原来会长您也遇到过这样的情况啊！那好，从明天起我就改变自己！"他当时的回答挺干脆。但是，等我下次去他们公司的时候，他依然故我地向部下大发雷霆。

于是，我劝 K 社长申请参加前文中提到的 HPD 活动。这位社长很爽快，听说 HPD 能让他发生改变，于是立刻申请参加了。但研修回来之后，却没有马上产生效果。

不过几个月后，K 社长对待员工的态度发生了明显变化。不知不觉间，在和部下的接触中，他开始注意检查自己的言行，完全变了一个人。即使发火，也只是说"不行不行"，态度控制得很好。

后来，K 社长对我感慨地说："会长，事业最终要靠人来做的。没有人才时，与其抱怨，还不如动手培养，您说对吧?!"

而在那之前，虽然他嘴上说些大道理，但心里想的依然是——事业的成败靠的是"社长的商业灵感"和"社长率先垂范以及深入一线指挥"。现在他真正意识到，要想通过自己深入一线指挥发挥出团队的战斗力，没有充分了解社长意图的干部参与其中是做不到的。于是，对部下态度的改变开始慢慢体现在行动中了。随着社长态度的转变，一切都发生了变化。

社长的观念变革

K社长的观念转变之后，对干部的态度也发生了改变。

在提醒部下注意的时候，高声大叫渐渐少了，不分青红皂白地乱批一通的现象也明显减少。

于是干部们渐渐稳定下来，食品批发、盒饭等各部门可依仗的人才也有了，销售利润急速上升。于是K社长提出开拓新业务，发展二十四小时营业的寿司店。前文已经提过，他的寿司店几年前已经开张，当初利用自己批发经营的食材开展盒饭业务。这次的目的是想若进展得顺利，就在此基础上上马高级寿司店。现在，盒饭业务的发展远远超过了预期，而且通过这个业务还学到了很多经营方面的知识，所以K社长提出了发展“二十四小时营业的寿司店”项目。

K社长凭借自己精明的商业头脑和执行力优势，利用筑地场外市场搬迁的机会，以超低价格在老商业街一角租下店面，开始了营业。

“会长，这个店一个月的销售额可以达到6000万日元。”开业时，K社长向我声言。

我当时所掌握的信息是，无论多么流行的寿司店月销售额最高也不过1000万日元。有干劲固然是好事，但担心马失前蹄，于是泼冷水说：“最多2500万日元，那就很不错了！”“不对不对，因为是全日无休的二十四小时营业，6000 万日元没问题。” K 社长坚持己见。

结果，在开业还不到一个月的时候，K 社长就兴奋地打电话给我说：“会长，昨天一天的销售额超过了 500 万日元”。尽管每天的营业收入会有多有少，但因全年无休，按照这样的盈利水平，粗略计算每个月流水就能达到 1 亿 5000 万日元，最终，那家店的销售额虽然没有达到 1 亿 5000 万，却也的确超过了 6000 万日元。

市村先生说过一句话，叫“独辟蹊径，海阔天空。”意思是“不跟在众人后面走，就能找到宝藏；囿于常道，只能碌碌一生。”自认为市村先生门徒的我，被 K 社长征服了。

很快，K 社长又开了第二家寿司店，并开始为开设更多新店铺而进行房产抵押担保方面的活动，同时为新店招工。

我向他建议：现在时机已经成熟，可以将总部搬迁到大一些的地方了。以前因为人员不固定，反复招工成了家常便饭，面试就在那间拥挤的事务所门口沙发上进行。如今，再这样寒碜下去，那些规规矩矩上门应聘的人才就会被吓跑了。

“今后要想招收并留住一些能帮社长实现事业理想的人才，必须把总部弄得更体面些，还要准备一间面试专用的房间。”

K 社长是个从善如流的人，他听从了我的建议并立刻付诸行动。在附近找了一家房租较便宜的大楼，重新进行了装修，搬了进去。现在的总部整洁干净，今非昔比。这样一来，应聘者层次得到了大幅提高，甚至以前从未想到的优秀人才也纷纷前来应聘。社长也不再是从前的社长了，无论是录用普通办事人员还是技术人员抑或经理，他都是以“实现共同理想，同享幸福生活”的理念面对他们，和以前对待部下的态度完全不同了。因此，大大提高了新加入人才的稳定率。

令K社长苦恼的另一个问题是，如何把好的技术人才（厨师）留住。寿司厨师现在仍然是“一把菜刀，游走天下”的格局为主，很少有人能适应二十四小时三班倒的工作。因此，K公司为了将来的新店储备人才，开办了寿司学校，自费培养寿司厨师。培训程序是：先让学员接受三个月的带薪培训；进入公司后作为见习厨师参加现场学习，支付工资；两年内取得厨师证后给予正式厨师待遇。若和以前的徒弟制度相比（从入门到学会做寿司要花费很多年），这种厨师培训可以说是打破常规的一次全新尝试。现在，该寿司学校的第七期学生正在学习技能，这里成了给K公司提供优秀人才的摇篮。

仅仅几年时间，曾经员工稳定性差、不停招收临时工的K公司，如今令人难以置信地完全稳定了下来。员工稳定之后，分店扩展步入正轨，于是业绩自然而然得到了提高。

在第一家店开张六年后，K公司的寿司店已经发展到了二十八家，销售额也一举突破20亿日元大关，达到130亿日元，员工超过 800 人，迅速成长为一家骨干企业。能发展到这个程度，可以说完全得益于 K 社长的观念变革。

K 公司在筑地的黄金地带开设分店，还带动已呈萧条之势的筑地场外市场的恢复和振兴。由于他们的寿司店二十四小时顾客盈门，以这些顾客为目标的店铺，以及纷纷效仿 K 社的其他商家也开始陆续开张了各种店铺。加上媒体反复采访播放宣传节目，使得筑地场外市场变成了商贾云集、营商环境绝佳之所。K 社长看到孵育自己的筑地场外市场再次振兴，也喜不自禁，他对我说："老师，我们今后还得抢先开设分店才行，没有竞争就没有发展啊！"——现在，他对那些模仿他做法的竞争对手的态度也变得文雅多了。

永无止境的观念变革

如今，K 社长虽然已经成长为地方骨干企业的老总，但"江山易改、本性难移"，过去的坏毛病已经完全改掉了吗，恐怕还无法断言。

在他们公司年销售额突破 100 亿日元大关的时候，发生了这样一件事。

一次，在和 SV（监督员 = 自治会长）一起召开的公司业绩商讨会议上，大家就某个支店的利润急剧下滑查找原因。K

社长看了各家支店提供的数据，一眼就发现有家支店的人工费用支出超出了 35%。

他红头涨脸生气地说："那个店长一点不懂排班。在他们的利润下滑之前，SV 你们这班人为什么不提醒呢？真没治了！"

从 SV 的角度来看，全部店铺的人工费平均值已达 25% 的目标值，偶尔因为当月排班错误出现数值上升现象。

但在本能支配下的 K 社长看来，仅看数字平均值已达目标值就断定没问题的 SV 做法过于草率，完全不能让人满意，因此不由得火往上蹿。幸好，当时 SV 里也有几个同意 K 社长意见的人，其中一人提议：

"在 22 家店铺中，人工费占到 21%、22% 的优秀店铺有三家，占到 40% 的问题店铺也有三家。为什么会出现这样的差异呢？我们马上去这六家店的现场查看一下吧！"

检查后，原因一目了然。

原来，优秀店店长为了预测来店光顾的潜在客户数量，甚至会关注天气预报——下雨天，客户必然出门就少，而春和日暖的天气，客户就多。他据此不断对临时工的上班班次进行调整，同时，还大胆果断地调整了牢骚满腹的厨师班次，这样尽可能保证沟通交流的顺畅。

而问题店店长不管有没有客户光顾，一旦定了排班班次就遵照执行，从不考虑是否需要变更的问题。结果不忙时出现人浮于事的现象，椅子坏了没人修，厕所打扫也不仔细了。

我给K社长提了这样一条建议。

“社长，你必须注意这样一个问题：为什么问题店店长对排班问题不上心呢？重要的是看这个店长早晨上班时，首先思考什么问题。如果他想的是‘今天，我一定要努力干’，那么把解决诸如排班这样细致的技巧问题交给该店长处理是可以的。要让店长具备‘努力干’的心气，你认为最重要的是什么呢？”

“嗯，那是什么呀？”K社长一边疑惑地问，一边等着我的回答。

“那就是你对店长的认可。一味地责骂和批评无助于问题的解决。平时的鼓励至关重要，譬如你可以对他们说‘干得不错’、‘仰仗你了’之类的话。你是否认可你的店长、让他们具备努力干的心气，是解决问题的关键。如果做不到这一点，节省人工费就只是一句空话。如果一味强调销售数字，则可能导致服务质量下降，造成更坏的结果。应该根据店长的性格灵活应对。”我说。

听完我的话，K社长说：“原来如此，的确是这样。我的寿司厨师平均每人拥有200个客户，但能力强的厨师每人可达到400个客户。这些佼佼者个个性格开朗，在给客户逗乐方面很卖力。像这些人我就应该认可并表扬他们。对那些表现不佳的厨师，如果他们想被认可，就让他们培养向先进者学习的心气，这样他们的水平也能得到提高。”

K 社长的一番话让我很受感动，我为他获得真正的进步而高兴。

社长的观念变革没有止境。那些激励型经营者常有的一个倾向，就是无论事情好坏，总是关注员工本人的人格人品这些“属人因素”，但领导若始终以“人格人品”来评价部下，部下就会变得只看领导脸色行事，不愿担当重要工作。

首先，要肯定优秀人才的成绩。其次，要让优秀人才参加小组讨论，实现技术信息共享。另外，增强组织观念也是重要的一环。

目标是实现 1000 亿日元

这是前几天发生的一件事。因为碰巧有点时间，我去新开张的店铺看了看。虽然当时早已过了正午，但客人还很多。看到这种情景，我放心了，心说看样子是“开业大吉”啊！但就在那时，我注意到收银台一侧的墙壁有点脏，再向周边一看，发现原来是柜台里摆放的新制椅子的塑料垫弄脏的。

我把发现的情况向 K 社长说了，他第一句话就是：“会长，谢谢您！”随即作为检查要点记录在笔记本上，脸上丝毫看不出任何不高兴的表情。市村先生曾说过“缺点是个宝”，我指出问题可以帮助K公司找到“宝贝”，K社长也真正理解了这句话的真谛。

后来我再次碰到他时，我又问：“怎么样，修好了？”

“很快修好了，谢谢！”

“不嫌我啰唆吗？”

“怎么会？那样的事不会再做了。”他满脸都是平和的神情。此时，我明白他已经完全懂得与人维系良好关系的重要性。

最近，在参加SV会议时，我发现各SV和K社长之间的隔阂相比过去已经大大缩小了。过去，这样的会议都是K社长的“一言堂”。如今，K社长会认真听取每个人的发言，有时也平静地插话——“是吗，这个是不是这样的？”真是说变就变。这让我真切感受到，他公司的年销售额别说100亿日元了，还可以有更大更快的发展。

我现在已经年近耄耋，不适合独立开创新事业。正因如此，我看到K社长的进步，就如同看到自己的进步一样高兴。

K社长的下一个目标是实现2000亿日元的年销售额，为世人侧目。为此所制定的事业计划在这里不便吐露，但准备工作正在推进之中。我相信，凭他现在的个人修为，实现年销售额1000亿日元的目标是指日可待的。

想到因为K社长，让我的晚年生活过得如此充实，真该好好谢谢他。

第四章　完成销售任务的两大武器

社长经营使用的两大武器——营销战略理论和TQC理论——是让公司全部市场活动都切实以客户为导向展开的理论依据。要想让公司变成拥有强悍营销实力的企业，就必须将这两个理论用人人都能理解、易于接受的语言表述出来，还要把它转化成可在工作中实际应用的具体智慧，并作为一种企业文化固定下来，不断使用下去。

1. 对外是营销战略，对内是 TQC

社长是将理论转化为智慧的人

坦率地说，理论是因为对实际生产和生活有用才得以存在。能够使用的理论叫智慧，不能使用的理论就是空谈。

社长必须成为能将理论转化为可在实际工作中应用的智慧的人。

世界上，从重要的原理原则到歪理邪说，各种各样的理论不知凡几。人类就是从天地万物中发现某种规律性，并建立起原理原则，一步步发展到现在的。

从大的方面来说，对宇宙万物的宏观思考诞生了这个世界的“公理”，对人类生存方式的探求诞生了“哲学”并使得文化得以创立，而“物理”则对科学文明的发展做出了巨大贡献。如果没有人类的伟大先贤们对这些理论的孜孜以求，发现并创立了各种具有普遍意义的原理原则，今天的我们是无法享受现在的繁荣生活的。

我是在现实生活中摔打锻炼出来的实干家，所以我认为仅仅学习前人的理论是远远不够的，只有将这些理论具体运用到现实工作中去并产生效益，才算真正理解了它们。

经营理论亦如此。社长头脑中充斥的各种理论如果不能在实战中发挥作用，那么就只是一堆五花八门的知识而已。

本章将对营销战略和 TQC 这两个理论进行阐述。

我想，读到这里的经营者应该能够理解我从多个经营理论中只选取了这两个理论的原因所在。

目的是要让社长明白，采取怎样的具体行动可让公司的全部经营活动都能围绕“以客户为导向”这个核心思想展开，从而把企业建设成无论处于何种状况都能实现业绩增长。

虽然是老调重弹，但我还是要在这里确认一下前文的要点。

面对——经济不景气、东西卖不掉、销售额上不去的现状，社长不应该一味惊慌失措。他必须走出公司，通过亲自开展营销活动，进行“外部观念变革”——详细了解市场动向和自己应对措施之间存在的偏差。

随后，还要眼睛向内，通过再次确认自己的态度能力，了解员工和社长在观念上存在的差异，并借助对自身的观念变革，团结全体员工共同应对外部变化，达到“内部观念变革”的目的。

社长的这两个观念变革可在短时间内改变营销团队的面貌，使其全部市场活动都能围绕“以客户为导向”展开，并成为拥有强烈营销意向的团队。这才是“社长营销的秘诀”，也是在商品滞销的情况下社长最需要紧急采取的重要措施。这就是作为营销战略理论和 TQC 理论的基础——“以客户为导向思想”——的实践。

所以我从众多经营理论中，选取了两个理论：营销战略理论——具体推进“外部观念变革”的武器，以及 TQC 战略——切实推进“内部观念变革”的武器，集中笔墨进行论述。

因此，对于其他的重要经营理论（如会计财务、人事劳务以及和生产相关的原理原则等），在此将省略，恕不涉及。

2. 营销战略的实践要点

何为营销战略

仅仅阐释营销的原理原则就应该是一本很厚的书吧。当然，我不是专业的学者和研究者，没打算在这里对其进行系统讲解。

据说，“Marketing”一词最早出现在 100 年前的美国。那时，密西根湖周边的商人们把自己从事的商业活动称之为“Marketing”。到了 1905 年，“Marketing”一词首次出现在俄亥俄州立大学的讲座中。而在当时的日本，主张定价销售的新式零售店——三越创业成功，这与美国的“Marketing”理念相契合。

从那时起过了约50年，日本的企业家到美国考察，了解到营销战略的重要性。于是，该理论在日本企业中很快得到广泛认同。又过了50年，日本出现了对于营销战略各种不同的解释版本。有人说营销战略就是促销；也有人说营销战略是强化销售渠道；还有人说营销战略是布局战略，是市场调查，是客户管理以及商品企划、产品企划等。

日本市场营销战略协会对营销战略做了如下定义。

了解客户的需求和希望，通过创造、传递以及提供商品和服务满足客户，以此获取利润的方法（1990年）。其中，所谓“了解、创造、传递和提供”是指对组织内外调研、产品、价格、促销、流通、顾客关系、环境适应等进行整合的各种行动。

说老实话，这个定义虽然没有错，但在我看来过于笼统，有些不好理解。不如德鲁克说的“营销战略的终极目标是废除推销（Selling）”更全面且容易理解。

我认为营销战略就是为了让市场接受自己的产品而从事的所有市场活动。

我虽然被人称为“销售之魔”，但作为经营咨询顾问，在此之前还从没有如此高调地给营销战略理论下过定义。

因为营销战略涉及的内容太广泛，如果不根据被咨询企业的体制、经营的商品和社长性格等情况，有针对性地压缩整合营销战略方案，那么最终将沦为纸上谈兵。具体来说就是：社长在把营销战略理论转化为实践智慧时，关于以下三个要点，要综合考虑自己公司的体制、实战能力以及竞争对手的动向等，总结出适合公司发展并且切实可行的行动方案，这一点至关重要。

①以客户为导向思想；

②如何发现畅销商品；

③怎样确定营销方法。

以客户为导向思想

我对“以客户为导向”思想的解释是：站在对方立场上思考问题，全体员工都有为客户效力的思想。而且，我还将日常使用的商务用语从“有利于客户”的角度进行了如下定义。

①价格——通过金额体现“有利于客户”的商品价值；

②销售额——企业“有利于客户活动”的总和；

③企业竞争——企业间“有利于客户的竞争”；

④占有率——行业内“有利于客户”的贡献度；

⑤营销活动——为了“有利于客户”而精心设计并付诸

实施的行动；

⑥工作——把自己以外的所有人都当成客户，为“有利于客户”而做的事。

⑦管理者的工作——为有利于部下而做的事（部下是价值产出的源泉）。

经过对这些概念的重新定义，想必读者朋友已经了解我所说的“有利于客户”的含义。

公司是为了向客户提供有益的商品和服务而存在的。简单地说就是“客户第一”的理念。但是一提到“客户”这个词，人们往往只联想到为购买商品和服务而付费的一般消费者和终端用户。

为此，我提出了“下道工序是客户”的理念，试图将“以客户为导向”的思想贯彻到底。

以企业为例，一般来说，如果制造部门（流通行业是采购部门）和销售部门的关系处得好，那么公司业绩就上升。但在很多企业里，经常出现制造部门抱怨销售部门营销工作不力，产品卖不出去；而销售部门则责怪制造部门生产了不好销售的产品，转嫁责任的现象。

但制造部门的下道工序是销售部门，如果制造部门能把销售部门当成客户看，那么他们就会想“我们该怎样做才能有助于销售部门销售产品呢”？

再看销售渠道。商品和服务送达终端用户或一般消费者之前，要经由商社（批发商）到零售店（专卖店）。对于工厂来说，它的客户不仅一个终端用户，还包括商社（批发商）这些“下道工序”以及“下下道工序”的零售商（专卖店）。

在理光公司内部，以前对于零售商都是直呼“零售商”，现在改叫作“零售商先生”。这个习惯的养成是从理光第四任社长浜田社长开始的。但业界之所以称理光为“以营销立业的理光”，就是因为理光将“以客户为导向”思想贯彻得十分彻底。

“客户第一”这个口号，因其简洁而感觉铿锵有力，但人们在执行的时候，却往往容易忘记“下道工序也是客户”这个特殊情况，所以希望大家引起注意。

与“以客户为导向”相反的说法是“以产品为导向”，就是将生产方、销售方作为关注焦点，向客户倾销产品或服务，官僚作风是其典型表现。但是，如果在这种营销模式下，也能有“下道工序是客户”的想法的话，那么，所有的企业活动将会把是否有利于客户视为评判标准，企业自然就会走上“以客户为导向”的路线。

以客户为导向并非对客户唯命是从

在公司内贯彻“以客户为导向”思想，即在贯彻“客户第一”和“下道工序是客户”思想的时候，社长需要注意的几个问题。

所谓“以客户为导向”，是说“以有利于客户为第一”，而不是单纯的“对客户唯命是从”。

这里所说的客户不仅是指终端用户，也包括代理店和零售商，公司内部的制造部门和销售部门、销售部门和会计部门以及工厂内物资部门和制造部门等所有的业务活动。但是，在推进“以客户为导向”思想的过程中，由于“上道工序”和“下道工序”关系的磨合，部门之间相互变得熟悉起来，工作上渐渐被一团和气敷衍了事的变调“民主主义”所支配，以至于把推行“以客户为导向”的目的忘得一干二净。

因此在这种情况下，即使社长根据自己的直觉判断某种商品会畅销，可以着手经营，也会遭到干部们的反对——他们各自以本部门工作为优先考虑方向，而把社长的想法视为“以产品为导向”思想。这时，就需要社长以公司业绩最高责任人身份，用坚决的态度自上而下推动实施根据自己判断制定的行动方案。

这就像自古就有的“君子豹变”一样，要让部下去应付这些矛盾丛生的现实问题，在关键时候社长的决断上即使出现二律背反也是允许的。

创业经营者在这上面的分寸拿捏一般做得比较好，但第二代、第三代经营者，常有人把“以客户为导向”的思想误解成了以下犯上的变调民主主义，结果领导无法做出决断，这点需注意。

关于营销战略的其他两个要点——“发现畅销商品的方法”和“确定营销方法”，我将通过在三爱任职时的真实经历来说明。

无论是大工厂还是小卖店，其商业出发点都一样

在经历了四年赋闲生活之后，我重返理光集团，进入骨干企业三爱公司任职，享受常务董事待遇。众所周知，三爱是一家经营时装业务、特别是以女服零售为主的企业，我从办公设备制造厂进入了时装零售专卖店，从以男性为主的社会进入了以女性为主的社会，工作内容发生了整个一百八十度大转弯。

当年理光时代的营销，主要以针对用户企业的挨家挨户上门推销和针对专卖店的促销等 B2B 为主，而三爱是面向一般消费者，以店铺零售为主。但对于我来说，这些差异并不成问题。因为营销根本和商业本质没有发生丝毫变化。

三爱公司成立之初，正值日本战败后的混乱时期，为了贯彻“爱人、爱国、爱工作”的“三爱”理念，理光集团的创始人市村先生给它取名为三爱。因为战后不久出现了粮食短缺

问题，为了缓解这一困境，三爱最初是在银座四条街从事食品买卖的。当时，因黑市交易盛行，三爱的公平买卖方式获得了成功，大受欢迎。

但是，混乱时期结束以后，销售行情急剧下滑。为此，将银座四条街视为日本中心对其格外重视的市村先生十分苦恼：今后不能一直做食品生意了，从三爱现在所处的位置以及一百五十坪的卖场面积来看，似乎可以开个专卖店，但卖什么商品呢？我自己一直干的是制造业，对零售这一行实在是不知深浅。

营销战略的出发点

这时市村先生采取的方法，就是现在所说的“营销战略”手法。

正为想不出妙策而苦恼的市村先生，却因一次去百货店上厕所时偶然听到两个年轻女人的对话而灵光一闪，有了主意。他注意到一些年轻女性在厕所里说话都非常直白，于是立刻雇了五个女学生，让她们去百货商场或公司的厕所，假装补妆旁听入厕女士们都说些什么并做详细记录上报，历时两个月。

根据汇报上来的信息，他了解到一般家庭主妇都要全力维持生计，而那些二十多岁的年轻女孩们因为吃饭可以在家里解决，工作收入则全部用来赶时髦，于是市村先生决定三爱不再经营食品，转而从事面向年轻女性的时装专卖店业务。

但是采用何种方式销售，什么样的款式流行以及怎样装修专卖店等问题，都让制造业出身的市村先生一筹莫展。只好找来一些专家咨询，但结果意见分歧，难以统一。市村先生意识到纸上谈兵只是浪费时间，况且他本来就认为“专家不会有大的发明”，于是决定干脆向那些购买时装的二十多岁年轻女性们直接问好了。

他把店里的女性店员集中起来，问她们：“你们有零用钱时，都想买什么样的衣服？”（当时的女性店员基本上都在二十岁上下）。另外，还把从批发商那里搜罗来的女性喜欢的服装样品摆在她们面前，问哪种最喜欢，哪个颜色好等，让女店员们投票，然后根据投票结果进货。结果，这些二十来岁的女孩们选出的商品在销售上获得了巨大成功，从此奠定了今日时装巨头三爱的坚实基础。

虽然这个故事发生在“营销战略”理论被介绍到日本之前，但它确确实实就是一种营销战略，这个趣闻发生在“销售之神”市村先生身上，并不足为怪。

在三爱任职期间，我喜欢读的一本书是德鲁克的《管理实践》。虽然书中的理论非常复杂难懂，但它的结论却很简单，那就是——企业的永续发展只能依靠技术革新和营销战略。而市村先生所采取的战术正是抓住了技术革新和营销战略的要点。

在和九州的一家骨干企业的社长谈到这个话题的时候，他告诉我说："老师，本地的黑川温泉也有类似的情况。"

黑川温泉现在已是日本全国最受欢迎的温泉之一。但在二十多年前，那里的河岸上虽有二十四家温泉旅馆，但全都业绩不振，需要兼做些农活才能勉强度日。其中有一家叫新明馆的旅馆，第三代社长后藤哲也先生将旅馆后面的岩盘打通，凿出了一个露天洞窟浴池。这个露天浴池受到广泛好评，回头客开始增多，并最终带动整个黑川温泉出现了现在这样的兴盛局面。让人惊讶的是，后藤先生洞窟澡堂的奇思妙想和市村先生在三爱转行上面的独特创意，二者所获得启发的方式竟然完全一样。

如何才能把客人吸引到偏僻的山坳里来，后藤先生为此日夜忧心。他采取的行动是到京都等有人气的旅游胜地，跟在观光客身后侧耳倾听他们关于观光地的真实对话——"这次玩儿得开心吗?""对哪些景点印象深刻呢?"一个素不相识的老头偷听一群年轻姑娘的谈话，不免让人心生疑窦且感到讨厌。但后藤先生不避嫌，仍然想办法偷听，并把认为有价值的内容记录到自己的笔记本上。

根据偷听来的信息，后藤先生得出了结论：游客们钟情的并不是当时各地兴建的豪华休闲中心或设有温泉洗浴设施并提供小姐的宴会服务，而是希望通过旅行，获得“自然放松，休息身心”的目的。但黑川温泉偏处深山之中，如何在这里让旅客达到放松休息的目的呢？……后藤先生产生了“建造日本人心灵家园”的想法。

于是，他决定利用黑川的自然景观，建造当时日本温泉地为数不多的露天浴池。可是因为缺乏资金，他只好自己动手。当他一个人开凿岩盘，移除修剪得很整齐的树木，转而栽种从山上挖来的杂树的时候，其他旅馆经营者们都惊呆了。但那时，后藤先生的脑海里一直回响着观光客们的心声。在黑川，能让人放松休息的并不是漂亮的日式庭院，而是杂木环绕的温泉浴池。

就这样，历时三年建成的岩盘温泉浴池，因其乡土气息浓郁，一开张便好评如潮。接着，一家叫辰巳屋的旅馆经后藤先生指点，开了一家颇有乡土气息的女性专用露天浴池，取名“美人汤”，也一举成功。于是，其他旅馆竞相效尤，纷纷利用自然优势开发起露天浴池。可以连续到多家浴池沐浴的浴票制度也很受欢迎，温泉街上散步的人慢慢多了起来。为了打造真正的“心灵家园”，人们拆除了花里胡哨的招牌和霓虹灯，对温泉街进行了全面整修，使其变成一座安静的城镇，这才造就了今天的繁荣盛况。

这些成就的取得，都起源于后藤先生那次执著地探听客户心声的行动，而这正是营销战略的出发点所在。

如何发现畅销商品

在这个章节，我将介绍自己在三爱任职期间的真实经历。

毋庸讳言，在此之前我对时装是一窍不通。更何况时装界使用的专业术语多是乱七八糟的外来语，比如 BOTTOM、CUT AND SEWN、ITEM 等，在办公室听到的都是这些闻所未闻的名词。

但是，正因为不熟悉时装业，才更能发现问题。

那时，三爱的很多销售员说话喜欢夹杂洋文，看上去说得头头是道，但仔细一问却发现他们懂得并不多，只是冒充内行炫耀而已，这种现象变成了一种风气。比如，你会经常听到有人大谈 Tiffany（珠宝和银饰品品牌）怎样，Fifth Avenue（第五大道）上有什么样的品牌店，好莱坞女星谁喜欢 Saint-Laurent（香水、手提包品牌）等，简直就像看多了女性杂志的读者一样。

看到这种现象，我忍不住生气了，讽刺他们道："你们难道是做旅行社业务的吗？"

"知道这些又能怎么样？像你们说的 Tiffany 呀 Saint-

Laurent 这些品牌知识，如果是为了了解时装流行趋势，也许是必要的，但是若向人介绍哪里有这些品牌，那你们岂不成了做旅行社业务的人?”

开始就从事时装营销的人，意识不到自己只知道几个外来语，而我这个办公设备厂家出身的外行人却能一眼看穿。在时装界待的时间越长的人，越喜欢凭感觉处理问题，他们的这种感觉只对外来的洋文敏感，不具备发现急剧变化的时装发展趋势的能力，而且从未注意收集原始信息进行科学分析。

比如那些负责采购的人，经验越丰富越容易错过畅销商品，结果买回来的都是滞销货，大量积压在仓库里。尽管如此，他们也从不怀疑自己的直觉，认为采购方法没有问题。货卖不出去责任不在他们，而在专卖店的销售员身上。

当时三爱的那些老员工们，对于时装流行趋势的把握，也就是寻找能畅销可赚钱商品的能力实在是太弱了。

面对这样的现实情况，我想起了当年市村先生在将三爱由食品店转为服装店时说的一句话——“对了，既然是年轻女性的时装，当然女性最有发言权了!”于是，我采取的第一个措施就是录用女性员工，提拔女性担任企划室长，让一名 25 岁的女职员去做 MD（采购员），在各个专业岗位大幅增加女员工的比例。

而且开展了女性时装“定点观测”活动。即在银座四条街、涩谷车站、新宿车站设点，定期对街道上来往的年轻女性进行拍照，再根据照片绘制时装流行路线图，进行分析。

通过这种方式，我们就能及时了解服装市场的流行趋势，比如下衣的样式，去年这个时候流行的是喇叭长筒裤，今年就变成了短裤或迷你紧身裙了。色调方面，去年是以灰暗为主，今年明亮的中间色调开始引人注目。而且还能锻炼员工们的直觉，能够准确判断什么样的时装是当年的畅销货。

最近，在一些零售业的营销战略中经常提到 VMD，它是 Visual Merchandising 的缩写形式，直译过来意思是“视觉商品战略”。就是要讲究货物的陈列方式，以便勾起客户的购买欲望。

把畅销商品摆放在什么位置，这是零售店货物陈列的关键。超市中商品陈列的原则是，在和人视线同高的货架位置摆放畅销商品。而食品专柜的商品陈列则要体现当晚菜谱的倾向。比如“锅仔”，那就要把食材和佐料统统摆进去，但不用讲究货架的具体位置。时装衣料等店铺的陈列方式比超市和食品专柜商品的陈列方式要求更高，为了能让畅销商品变得更显眼，不惜花费金钱和脑力。

有的商家不是自己琢磨 VMD，而是到其他商家实地观摩，通过这种方式了解目前市场上的畅销商品。但这样做通常需要借助专门机构和营销战略公司来完成基础调查，需要花费相当大的一笔钱。

如果既没人手也没什么钱，还可以参考政府机构公布的一些调查资料。那上面有按地区、年代区分的市场消费动向、老百姓消费能力情况等数据，基本的市场情况都体现在其中了。

对于那些不知道是否畅销的商品或服务，中小企业不要一次性大量进货，可以通过样品试销的方式反复确认。有时可以将一些目标用户和消费者请来，征求他们的意见。也可以通过开设试点店的方式，不计工本陈列商品，在实战状态下测试商品的销售情况。只要做个有心人，就能找到很多提高畅销品几率的方法。

预测什么产品畅销靠的是直觉

谈到这个问题，还得回到我在三爱任职的时代。

通过"定点观测"和店铺调查等手段，我们虽然大致了解了时装的流行趋势。但具体的数据却只能掌握 30%，剩下的 70% 不到最后开业是无从知晓，这是当时的实情。

时装流行趋势变化很快，即便是经验丰富的采购老手，绞尽脑汁也很难预测未来的流行款式。所以，最终从业者只能参考一些专业机构发布的当年流行色以及名设计师推出的先锋设计样式，结合自己对"定点观测"了解到的消费者消费变化的前瞻性分析，通过直觉做出决定。

年轻女性一般对时装都很感兴趣，有些人还特别敏感。但是，即使是这样一些人，要让她们预测时装未来的流行趋势，却不一定能胜任。作为消费者，那些引领时装潮流的先锋，直觉虽然很敏锐，但终究不过是在目前成品的时装海洋里进行挑选而已。所以，我们通过“定点观测”发现的身着最流行时装的人，也只是大众可能接受的短期流行趋势的开端，和创造全新时装的直觉完全不同，这才是让人头疼的问题。

正因“直觉”无法用数字和理论体现出来，所以不好办。“直觉”是一种能力，只有那些不囿于常理，永远有一颗好奇心、对什么都感兴趣的人才具备。社长一般都是直觉超群的人，但如何培养有直觉的人才，如何让有直觉的人才聚集到社长周围呢？要做到这一点，社长面向外部的营销活动至关重要。

首先，社长要和其他行业有直觉的人交往。比如设计师，包括工业和建筑领域的设计师，特别是那些设计店铺的脑力劳动者，还有画家和音乐家等。通过积极地和这些其他行业人士的交流，可以大幅提高自己的直觉水平。另外，通过交流还可以聘请一些社外人士充当公司的智囊。

需要注意的一个问题是“直觉枯竭”。

随着年龄的增长，人的经验会越来越丰富，但直觉却越来越迟钝，趋于枯竭。原本一个直觉敏锐的人最终恐怕会变成凡夫俗子，这一点必须牢记。也就是说，要想让自己的公司始终拥有直觉人才，就必须不断更换新鲜血液，让新人代替老人。所以对于设计师，应该和他们签订专属合同，而不是让他们成为公司的正式员工。

畅销品是否能始终保证供应

要问时装零售业业绩增长的条件是什么。简单一句话，就是确保店里始终有畅销品供应。

因为凭直觉采购回来的滞销货，具有帮助我们发现畅销货的作用，所以不能一概排除，应该保持一定量的储备和展示。但若专卖店没有畅销货、全是滞销货的话，那么无异于自寻死路。

原则上，时装零售业是从服装工厂采购商品进行销售的，一般都是采取“委托代销方式”——零售店无须购买产品，而是替厂家代销，卖剩下的货可退给厂家。这种“委托代销方式”对于零售店来说是利弊参半的双刃剑。因为不是购买来的，所以没有不良库存，这是有利的一面；但同时，因为卖不掉可退货，采购人员对商品的选择就会有所松懈，结果让商品战略和采购计划得不到有效实施，这是有弊的一面。

另一方面，服装工厂为了降低退货风险，尽可能不生产余量。比如估计能卖出一百件，一般只生产八十来件。因此畅销品总是很快就断档，即使追加订购，再生产也需要时间。

当今是时装流行趋势不断变化、畅销产品也在不断变化的时代。也许等追加订购的商品摆上专卖店货架的时候，市场上已经出现别的畅销品了。所以必须加大采购计划实施力度，对畅销商品要提前安排进货。

说到采购计划，一般是指对 POS（一种通过店铺收银台运行的销售实时信息管理系统）的有效运用。当然，三爱也引进了这种管理模式，可随时了解全店的销售状况，而且还能及时掌握当前的畅销商品和滞销商品是什么。

但是 POS 也有很大的局限性，那就是它不知道哪些是没有采购的畅销品。也就是其他商家卖得很火，可自己店里没有进货的商品，这不能不说是个笑话。还有就是虽然知道什么商品畅销，也追加订购了，但还是出现脱销断档、供不应求的现象。所以，虽说 POS 是非常出色的管理系统，但它也只相当于扫描市场一角的雷达而已，绝不是万能的。

因此，在有效运用 POS 的同时，还要在采购计划等其他环节上下工夫，比如考虑如何了解零售店店员对商品及市场的亲身感受，如何将定点观测分析得出的最新流行趋势运用到畅销品提前采购和筛选上等。

经过一系列改进之后，我们提高了原始采购计划的比例，在大型卖场根据早中晚时间以及客户生活规律的不同，设置了三个专柜，分别销售相应的服装和杂货。有段时间，我们预测在清一色的女性连体泳装中可能会出现一阵分体泳装的“复古潮”，于是进了一批分体泳装，结果果然很受欢迎。就这样，三爱的时装零售渐渐有了起色。

致 SPA（制造业零售）

随着客户的快速增加和商品的不断售出，那些人气商品的断档脱销现象越来越突出了。热销货物总能很快脱手，结果到旺季的最高峰时，不仅排名第一的最畅销商品脱销，就连人气排名第二的商品都供不应求了。

虽明知畅销货的销售现状，但如果依靠长期合作服装工厂的供货，就无法如人所愿地跟进，结果眼睁睁地坐失良机。为此，我确信要较少营销损失，唯有自己生产。

依靠别的服装厂家，实属无奈之举。只有拥有自己的工厂才有主动权。虽然之前只要有自己设计的商品，就可以找到厂家生产，但毕竟我们无法掌握工厂的想法，所以容易出现交货延迟、无法快速应对的现象。

20 世纪 80 年代，我首先分别和布料工厂、染色工厂以及缝制工厂签订专属合同，为建立严密的生产体系煞费苦心。以三爱承担全部风险的方式引进了 CAD（计算机辅助设计系统），组建了适当的生产队伍。同时，还在 QRS（小批量多品种生产）上下工夫。

在时装逐渐向个性化方向发展的趋势中，相同款式和颜色的大批量生产的时代已经一去不复返了。如果不能提供多款多色的商品，就无法满足客户的需求。而款式和色彩是无时无刻不在变化的，这就要求产品生产必须是交期短、小批量、多品种。

因此，我们和缝纫机厂家 JUKI 公司合作开展的生产模式就是 QRS。该系统可在三天内生产出五十件衬衫，接着生产三十件西服，均可在短期内轻松完成。通过这种方式，在七年时间里，我们在国内发展了二十五家可短期交货的系列工厂，在海外如韩国、中国台湾和中国大陆等地建立了十家长期交货工厂，共计三十五家工厂。有了这些工厂的保证供应，原来担心的短期交货体系得以实现。比如西服上衣两个星期可交货，连衣裙、T 恤衫或短袖衫最少则只需四天，平均交货期为十天，是业界平均交货期的一半。

这种供应体系建成之后，在销售旺季到来之初，我们的多款商品就开始小批量在全国二百五十家店铺试销。一旦通过 POS 发现畅销商品，马上组织追加生产，这样可抢在竞争对手之前清除滞销商品，囤积畅销商品。结果，三爱的商品周转率达到了十八次，而女服业界专卖店的平均商品周转率只有十三次。

怎样确定营销方式

即使手头有了畅销商品，如果销售方法不对头，客户也不会买。所以重新评估自己公司的营销方式，采取适当的策略使商品变得畅销至关重要。在这方面，社长需要注意以下三个要点。

①把握现实、现场的实力

对于现有营销团队的实力、销售网络的实力，要做到了然于胸。

营销战略理论是从广告宣传、展销会等促销活动到形成销售渠道的流通战略等各个角度，展开战略和战术。但作为实际操纵这些活动的前提，必须冷静地把握自己公司的营销实力和现状。如果做不到这一点，即使引进最新的理论和战略，也是徒劳，不会产生任何实际效益。

②通过测试选择合适的营销方式

最好的销售方式不可能唾手可得。在营销战略中经常提到一种叫“市场细分”的特色销售方法。这种销售方式在中小企业营销中尤其重要。因为中小企业人力有限，资金实力弱小，如果不顾现实条件笼统抓市场，即使让所有人都去推销，也不可能让自己的产品变得畅销。

所以，我们要针对客户层次和地区等进行市场细分，找出真正适合自己的营销方式。为此，要先进行测试，尽快找到并确立切实可行的模式，并通过 P・D・C・A（Plan－Do－Check－Action）进行修正，在短期内提高测试的精度。

③感觉

在寻找最佳营销方式上，社长的“直觉”和优秀销售员的心态才是最重要的因素。比如在测试假定的销售方法时，不能随便交由一个手上没业绩的销售员去做，而必须让有营销实绩、有能力的销售员单独进行，测试过程中要注意观察对方的眼睛。有经验的社长可以从对方的眼睛里看出那个销售方式是否可行。

为了让那些尚未明白的读者了解什么是社长的直觉和销售员的心态，我举一个实例说明。我在大阪支店任职的时候，正赶上湿式复印机被理光静电复印机（RECOPE）所替代。市村社长来到我们支店问：“你们怎么样，这款新机型可以卖到什么地方，怎么卖，首次销售能卖出多少台啊？”虽然我们已经提前就新产品的概要情况进行了解了，但大家都认为没有实际推销之前无法估计销售情况，因此不能回答市村社长的问题，都保持了沉默。

我因为对使用 RECOPE 替代政府部门正在使用的湿式复印机的情况进行过深入思考，回答道："估计可以销售四百到五百台。"市村社长闻言，盯着我的眼睛，当确认我是成竹在胸后，当场做出了决定："明白了，是四百到五百台呢。那好，我们的目标就定为七百台！"结果那一年我们实际卖出了八百台。验证假设目标的可行性时，销售员的认真程度和判断其真实性的社长直觉都是比理论更重要的东西。

营销方式的实际展开是营销实务的核心内容，我将在第五章里详细讲述。在这里，我只就社长在决定销售方式时经常容易"中计"的盲点问题做个补充说明。

新品难卖

在辞去三爱社长、开始经营咨询业务之后，在和各行各业打交道的过程中，我有了很多深切的感受。

在确定营销方式时，我认为那些具有划时代意义的新商品不好卖，而很多中小企业经营者们的看法却正好相反，他们认为划时代的新商品更容易销售。实际上，越是划时代的新商品，公司现有的销售团队和销售渠道越不熟悉，所以也就越难以销售。

F 公司是一家生产家庭用的户外设施用品、年销售额 120

亿日元的骨干企业。他们的产品在设计和耐久性方面广受好评。该公司主要通过日用五金建材店来销售产品，业绩稳定。

F社长是一位热衷于研发的人。他一直在思考，应用自己公司卓越的制造技术，未来开发什么样的主打商品。

有一次他去欧洲出差，在国际展览会上，注意到北欧某个厂家展出的一种用于商业大楼的新式建材。这种建材不仅对操作者没有任何伤害，而且很环保。F社长的直觉告诉他商机到了，于是当即买了几套带回日本。经过该公司技术部门的全力攻关开发，一种可避开专利问题、操作更简便的新型建材诞生了。“OK！我们就把这款产品作为新的事业支柱进行培育！”F社长信心满满。

然而，备受期待的试制品在市场上却反应平淡。F社长明白，必须改变公司现有的那一套家庭用商品的营销方式。但到目前为止，F公司只有日用五金建材店的销售经验。经过一番调查研究，F社长终于弄明白：要想在新建的大楼上使用自己的新材料，找建筑承包商是没用的，必须找建筑设计事务所。另外，如果真正使用这种建材，一栋楼就要花费数千万日元，所以迟迟难以实现。

因为我曾在三爱设备公司干过，了解一些这里面的行情。要拿下建筑设计事务所，仅仅宣传自己产品的特性是远远不够的，还需要运用政治手腕与建筑施工单位和大楼所有者进行讨价还价。因此，F社长开发的那款产品很难期待能快速成交。

不过，后来我问F社长有关此事的进度，他说已经有客户接受报价并进行施工了。起因是他听从了手下干部的建议，把该款产品放到国内展销会上展出，结果引起了民营医院的注意，经过商谈居然谈成了，如今已经成交三笔。当时听到这个报告的F社长，脑子里还在想如何搞定建筑设计事务所的事，所以颇感意外。

我又问F社长："有没有调查今后可以参展的其他展销会呢?""能否请使用了贵公司新建材的医院给你们介绍一下别的用户呢?"F社长回答这些都没有做。因为他一心想让建筑设计事务所接受自己的产品，以此作为拓展新事业的基础。于是我向他建议，若和建筑设计事务所的谈判有进展固然很好，但对能迅速出业绩的医院的接触也应同时加强。不知道他是否能够理解。

在这里，我想告诉大家的是：做事情下定决心，不轻易改变主意固然重要。但若不结合现场和实际效益情况，及时对公司的发展路线进行修正，就很难成功。前文中已经谈过，在确定最佳营销方式时，先要预先假设，然后付诸实施，还要反复修改，最后才能选择出最佳方案。所以，我希望经营者在对待新项目或者确定新商品的营销方式时，要使出创立新公司时的力气。

3. TQC 和实战的要点

什么是 TQC

我是个彻底的现场现实主义者，我认为“现场有宝贝”。

关于 TQC，我简单理解为“对事物不唯心，通过向现场、现实学习，从中找出解决问题的具体方法”。

TQC（Total Quality Control）的原意是“全面质量管理”、“全公司质量管理”。它通过使用贯穿于工厂制造工序中的 QC（质量管理）方式，联合设计、采购、销售、营销企划以及售后服务等各部门进行的一种改进活动。该理论最初由美国 GE 公司的品质管理部长 A·费根鲍姆首先提出，20 世纪 60 年代传入日本。

日本的 TQC 后来变成了以现场 QC 小组为主的“全员参加的改进活动”，走了一条独具特色的道路。

关于 TQC，我还有一段苦涩的回忆。那还是我担任理光集团董事时，因为和馆林社长发生冲突被勒令停职反省。其起因就是这个 TQC。

当时的我对要将 TQC 理论引进营销实战的新社长的做法完全持否定态度。馆林社长曾说：“通过平均值分析，往往不能了解事情的全貌。不看现场的实际差异，就无法找到解决问题的方法。”但我听了，却想：“说什么呢，东京大学毕业的高材生光说不练可不行”！还反对馆林社长说：“在营销工作上生搬硬套工厂用的品质管理方法，这不是乱弹琴吗？销售工作不需要理论，要什么 TQC 呢！”

但是，事实上我当时的这些想法都是错误的。后来理光引进 TQC 之后，制造现场便焕发了生机，产品质量也得到快速提高，还获得了“戴明奖”。制造的发展也影响到了营销，并最终激发了全公司的活力。正确的东西就是正确的，我不能不承认。

社长首先要调查现场

我又要把话题拉回三爱时代了。那时的三爱，可以说问题积压如山。市村先生还健在的时候，三爱是业界名副其实的女服专卖店的“龙头老大”。但随后则被铃屋、铃丹先后超越，屈居到业界第五位。

到了 1977 年，公司已经没有红利，陷入了赤字持续增加、贫困潦倒的状态。在我进入三爱之前的结算结果是 300 亿日元的销售额，3600 万日元的负债，但这只是表面数字，如果把不良库存加进来，亏损面更大。

为了寻找重建的线索，我开始对现场店铺进行巡回调查，关注每一件事。比如发生在大阪某店铺这件事：三爱自产的毛衣不起眼地堆放在安哥拉貂皮毛衣专柜的货架后面，而在顾客触手可及的显眼位置摆放的却都是从其他服装工厂采购来的产品。

“我们自己设计的产品成本低利润高，为什么反而被放到了最不显眼的地方呢?”我问卖场的负责人。

“您看，别的厂家产品起毛效果好，柔软蓬松，外观好看。您再看咱们的毛衣，单调粗硬，一点也不漂亮。难道不是吗?”对方回答。我把三爱自己生产的毛衣拿在手里细看，果然没有貂皮加工的蓬松感。

经过一番调查，原因出在交期的设定上。原来公司在向承包工厂下达自己设计的毛衣生产任务时，下订单的时间本来就很迟，但却要求对方严守交期，按时交货。结果起毛加工时间不够，无法生产出表面蓬松柔软的产品。做了几十年的服装，这点道理都不懂吗？——刚刚开始着手公司重建的我愤怒得直感叹，但这并不能解决问题。

有缺点，改了就好。然而在我就生产程序管理不到位等问题进行批评指正时，相关责任人竟然试图隐瞒事实真相，有人开始四处打听是谁向我告了密——“不好了，我们的把戏被那个叫田中的常务董事给识破了”等传言在我回总部之前就纷纷传开了。我立即召集相关责任人开会，有责任人最后说："我们是按照JIS标准（日本工业标准）来做的。"

虽然我因严厉曾经被人称为"魔鬼"，但当时我还是控制住了自己。因为生气也于事无补，这是公司的体制决定的。尽管有这样那样的不足之处，但若能改正，我们的销售量就可以由过去的八十件变为一百件、二百件——我硬着头皮给自己打气，但仍感觉到面临的形势很严峻。这是我当年刚进三爱时的真实感受。

率先在流通行业引进 TQC

为了三爱重建，我召集十名干部，成立了社长室委员会。我要求委员会的每个成员先阅读德鲁克的《管理实践》一书，然后就企业发展问题展开讨论。

同时，我们还确定了"客户满意是我之喜"的经营理念和"企业永续发展依靠技术革新和营销战略"的基本经营方针。另外，为了从根本上改进蔓延在三爱内部的服输的失败者心态，决定引进 TQC 机制。

我到曾指导理光引进 TQC 的东京理科大学教授矶部邦夫先生的家拜访，请他出面指导。但是没有获得让人满意的答复。矶部教授说："田中先生，还不如在营销战略上多下点工夫好呢。”

虽然当时TQC已经被很多工厂所应用，但在流通行业尚无先例。矶部教授也从未考虑要在零售专卖店引进TQC。

我拼命说服矶部教授：“现在，只有TQC能挽救三爱了。为了彻底变革每个员工的观念，一定要引进。请老师多关照！”

“明白了，田中先生，你的热情让我感动，那我们就做吧！”矶部教授最终答应了我的请求。

就这样，三爱成了日本流通行业第一个引进TQC管理机制的企业。

业绩不振的四个原因

矶部教授到三爱的现场进行了仔细调查，指出了存在的四个问题。

①虽然做的是服务性行业，但对客户不够重视。

②因为公司处境艰难，就认为员工为公司做出牺牲是理所当然的。对员工不够重视。

③由于对员工不够重视，导致员工只做指派的工作，人前人后表现不一。

④对熟练员工过分看重，总是依赖他们的直觉判断，而没

有养成根据客观数据进行分析的习惯。

例如下面这个情况。

在三爱，称在店铺工作的员工为“Mate”。有段时间，三爱旗舰店西银座店的店长向我诉苦：店里人手不够，销售额上不去。西银座店现有二百个 Matc，在每午 4 月份的入职季，就会有充足的新人补充，所以没有问题。但到了 11 月，由于有员工辞职，常常只能维持二百五十人的阵容。“也许那些高高在上的人不能理解，专卖店因和客户面对面销售商品，特别需要充足的人手。”那位店长如是说。

于是，我用 QC 方式对他的问题进行了一番理论性分析。方法是在最忙碌的毛衣柜台里安装麦克风和摄像头，对高峰时段（五点半 - 八点）店内的情况进行秘密录像。

这个约三十坪的毛衣卖场里，配备有十个 Mate。从录像上看，六点之前顾客开始进店。面对客户，店员们只说“欢迎光临”和“谢谢”两句话，然后任由客户自己挑选商品。只有客户挑中某件毛衣时才去应对一下。所谓重视客户的“面对面销售”，完全是相隔甚远的现场应对。

另外，我还发现三十坪的卖场十个店员已达极限，如果再加人就嫌多了，反而会妨碍顾客购物。

总之，所谓忙也仅限客户最多的高峰时段，也只是收款和交付货物比较紧张。店长在没有弄清造成销售额低迷的真正原因的情况下，想当然地认为忙碌是由于专卖店和客户面对面的交易形式造成的。

这和刚才提到的问题④颇为相似。没有分析真实原因和应对策略，完全凭感觉进行判断。当时的三爱，这种观念论之风盛行。

通过调查研究，我得出的结论是根本无需再增加五十个人手。当时的人工费，每人每年超过二百万日元，不增加这五十个人，我就节省了1亿日元以上的经费，而销售额并没有受到影响。

三爱 Mate 的 QC 小组活动

在确证 TQC 也能在流通行业发挥作用之后，为了激发员工们的干劲和自觉性，我找矶部教授谈了一次，决定开展 QC 小组活动。首先是将那些直接和客户接触的 Mate 组成一个小组，让每个人说出平时工作中感到棘手的问题以及客户感到为难的问题。小组内没有上下级的等级界限，相互间可自由探讨，共同研究解决办法。

现以解决店内废旧纸箱无序堆放问题为例对 QC 小组的运行效果进行说明。若是在过去，一般会是这样：总部来的干部发现了纸箱问题，毫不留情地训斥店长：“这种地方怎么能堆放纸箱?!”挨了骂的店长再把班长找来，不由分说臭骂一顿。如此一来，一线员工就达成了共识——那就是为避免被上级发现问题自己挨骂，干脆把一些问题点掩盖起来。这么做时，他们脑子里根本就没想问题被客户发现了会怎么看。

但若把这个问题拿到 QC 小组里进行讨论，就会发现意想不到的问题根源。

原来总部发来的货总是在周六周日到达，这两天恰是店里最忙碌的时候，拆下的纸箱只好随便堆放一旁。或者是总部发来的货物型号弄错了，专卖店干脆连箱子都不拆，任其堆放在那里。

就是说：问题其实出在总部，追责却追到了一线销售人员头上，这就是当时的实际情况。

组织是由人运营的，所以矛盾和体制上的缺陷在所难免。缺点是个宝，了解到自己的不足，改正即可，这正是 QC 的基本思想。

由 Mate 组成的 QC 小组（亦称紫罗兰小组）活动开始之后，很快初见成效，而且成效之大超乎想象。以前干部们三令五申说得舌敝唇焦，但听从者寥寥；如今不用督促大家就自发行动起来。无论是反感上级劈头盖脸批评自己还没有做的事，还是相互间通过探讨解决的问题，都是自觉自愿地完成的。

让顾客毫无顾虑地试穿

在活跃的 Mate 小组活动中，还发生过这样的事情。

有很多顾客在试穿衣服以后发现不合适，于是面带歉意地离店而去。针对这种情况，Mate 小组提议：因为是服务性行业，就应该允许顾客毫无顾虑地试穿衣服，要打造一家让客户没有任何心理压力的专卖店。

于是，他们进行了现场调查。比如一间试衣间先后有十个顾客进去试穿，其中有八人最终没有买到合适的衣服。观察这八个人离开时的面部表情，有七人都会面带歉意。针对这种现实情况，Mate 小组进行了全员大讨论：怎么做才能让这没买衣服的七个顾客毫无顾虑地离开呢？

结果大家认为可以贴一个告示牌，写上“请随便试穿”几个字，这样应该有效果。告示牌贴出之后，观察发现七人中有四人变得坦然了，但仍有三个顾客脸上有歉意。于是他们在原来的告示牌上又添了一句话，变成了“另外，不买东西的顾客也可以试穿，无需顾虑。”这样一来，又有一人变得坦然了。

还剩下两个顾客。于是有人提出是不是告示牌摆放的位置有问题，立即动手重新摆放，结果终于让所有顾客都能毫无心理负担地离去了。

就这样，年轻的店员们通过相互讨论协商的方式，不断地发现错误，不停地解决问题。以前认为只要干好自己分内事即可的店员，现在也开始萌生参与店铺运营的想法。

除了 Mate 小组之外，我们还组建了另外三个层次的 QC 小组，一个是小型店店长小组，一个是专职工作人员小组，还有一个是管理者小组。这样一来，小组活动带动了整个公司的运营，三爱全局因此被盘活。

员工教育方面的技术共享

店长小组中发生过这样的事。

在时装行业，一些小型店的店长都是由二十来岁的年轻女性担任。因为年轻，所以大多不太有用人经验。怎样才能很好地指挥那些比自己更年轻的店员工作，是让很多年轻店长们头痛的问题。尤其是那些初任店长的人，更容易被这样的问题所困扰。

“小 M 老是迟到，说她还不高兴，真让人为难！”

“我要是不说她，小 B 就会不负责任！”

事实上，店长因为店员没有很好执行自己的指示而上火的事例有很多。现在，我们就以店长去总部开会，离开专卖店时向部下托付相关事务为例进行说明。

店长离开前会对某个部下说："我走后，店里的事情就拜托给你了。"按照店长的想法，委托对方代为处理的当然不仅仅是柜台上的应对，还包括接听电话和员工的工休管理等内容。但接受委托的店员则以为仅仅是代为处理柜台上的应对。结果，等店长返回之后，这位员工报告说："对了，接了几个电话，我告诉对方你开会去了，就挂了。"这让店长叫苦不迭——电话是谁打来的？说什么了？这些基本信息都没留下，办的这叫什么事！店长禁不住要生气。

还有，当有 VIP 顾客来店时，店长要亲自出来接待。这时她会对身边的店员交代："把这里打扫一下！"在店长的概念中，打扫内容当然包括清除柜台附近的纸箱和闲置衣架，但部下却没有考虑那么周全，只是整理了一下柜台周围的书籍文件。遇到这种情况时，很多店长非常苦恼——"现在的女孩子根本做不好你交代的事情"。

有了店长小组之后，来自各个地区的店长们可以相互倾诉烦恼事。"我这样处理，效果不错！""那样做，结果失败了"等，相互交流经验，讨论解决问题的办法，并且促进店长对自身的一些不当做法进行改进。比如上述事例中，在向部下交代工作时，切忌含含糊糊，要具体说明——"把柜台周围的空纸箱和闲置衣架也清除干净"。

同时，店长小组还就员工培养方面的一些技术诀窍实现了共享，促进了店长的成长。另外，通过召开 QC 小组大会，像这些销售现场出现的问题会一个个摆到桌面上来。那些以前不知道有这些问题的总部干部能更具体了解一线员工的烦恼和辛苦。

五大支柱确保 QC 方向不动摇

进入 20 世纪 90 年代后，日本 TQC 的 QC 小组活动开始过多关注内部问题，被越来越多的人指出有不重视客户的倾向。而且，也有人批评小组活动中的讨论流于形式，陈旧老套。TQC 的发展迎来了一个转折点。

在为三爱引进 TQC 的时候，我就预见到这套机制存在的弊端，因此在开展四个 QC 小组活动的同时，为确保方向不动摇，和矶部教授一起树立了如下“QC 小组活动的五大支柱”。

①重视现场思想；

②以客户为导向的思想；

③利用误差思想；

④光明思想；

⑤自励努力思想。

接下来，我将依次简要说明这“五大支柱”的要点。（为避免自己记忆有误，我参考了 1990 年日本规格协会出版的矶

部教授的著作《向三爱学习活用小组活动的方法》一书）

重视现场思想

三爱的销售额来自遍布全国的约二百五十家店铺（现在是约七百家），而每个店的每个工作人员的思想、能力都对其产生影响。

比如接待客人的礼仪掌握了多少，能做到多少。给顾客买的货物打包能否做到让客户满意等。这些和顾客直接接触、做实际工作人的能力将左右经营业绩的好坏。

虽然有人主张采用激励的方式让一线工作人员提高工作质量，但“欲速则不达”。所以我认为还是应该通过让他们自觉地朝着更正确的方向转变观念，强化自身实力，以此来自然提高销售业绩比较好。要达到这个目标，就要瞄准零售店现场，以现场工作人员为主开展小组活动，夯实经营基础。

以客户为导向的思想

三爱的基本理念是“客户满意是我之喜”。

让客户满意的思想，实质上是一种压制私欲、为他人谋利的思想，也就是我前文中所说的“利他思想”。与此相对的是“利己思想”，也就是强迫别人满足自己的利益和要求。“以客户为导向”的思想属于前者，而“以产品为导向”的思想属于后者。三爱必须要让所有员工都拥有“以客户为导向”的思想。

当然，并非所有员工都能成为“以客户为导向”的思想者，其中有一部分人追求的是舒服的工作和高工资，有了钱可以和朋友一起去自由玩耍。要让这部分员工也能拥有“以客户为导向”的思想，就不能硬性灌输，因为硬性灌输是“以产品为导向”思想的表现。

针对这样的员工，我们可以要求他们在让客户满意之前，先做到不给客户增加麻烦。因为虽然他们的工作还不足以让客户满意，但至少不要给客户带来麻烦，这样现场操作起来相对容易。同时还要不断扩大客户的范围。来店购物的顾客自不必说，要把一起工作的同事、运输货物的司机以及打来电话的人也视为客户，不给他们添麻烦。面对这些情况，让他们每个人思考自己该怎么办。

利用差异思想

有个词语叫“观念性”，意思是说人们一旦认准某个事物，就不再能接受例外或差异现象，而习惯以求平均值的方式，试图消弭这些“例外”或“差异”。这样做的结果，会导致不能发现眼前的问题，让疑问溜之大吉。

日本的学校教育传授的基本上是在无差异世界里的思维方式。因此，二十岁左右的学生走上社会之后，一般很难看清差异丛生的现实问题。正因如此，利用差异思想才显得尤为重要。话虽这么说，但那些不熟悉 QC 的人，恐怕还是不知所云。

所谓“利用差异”，就是在解决问题时，对现实中所发生的差异现象心存疑问。因为这点非常重要，所以不避冗长，以实例说明。

三爱有家店铺销售女性内裤，其售出条数如图三所示。

编号 \ 色号	白色	粉红	黄色	茶色	蓝色
A	9	18	7	3	2
B	7	7	2	1	2

图三

表中的编号是厂家根据不同的款式，设定的编号。色号则表示相同的款式不同的颜色。不知各位读者朋友如何理解图三中的数据。

我想，也许很多人会像图四那样，先做加法，然后求平均值，最后得出 A 款比 B 款畅销，白色和粉红色畅销的结论。

的确，从图四中我们可以看出白色内裤畅销，茶色、蓝色滞销；但若说粉红色畅销，黄色滞销却是不对的。这是因为 A 款的黄色卖出了七条，B 款的粉红色也卖出了七条，若认为白色内裤是畅销的，那么就应该承认 A 款的黄色内裤也是畅销的。同时，若承认 B 款的粉红色畅销，那么 A 款的粉红色内裤卖出数量是前者的两倍，更应该算畅销货了。

色号 编号	白色	粉红	黄色	茶色	蓝色	平均
A	9	18	7	3	2	7.8
B	7	7	2	1	2	3.8
合计	16	25	9	4	4	
平均	8	12.5	4.5	2	2	

图四

因此，如果将图三转换成图五，那么畅销货和滞销货就泾渭分明了。通过这个表，我们可以了解为什么白色和粉红色内裤畅销，而茶色和蓝色内裤滞销。

色号 编号	白色	粉红	茶色	蓝色
A	9	18	3	2
B	7	7	1	2
	畅销		滞销	

图五

再看图六，分成了滞销货和二点五倍畅销货两栏，从这个表中我们发现一个问题，那就是为什么售出的 A 款货是 B 款的二点五倍。再看图七，我们可以发现 B 款从白色到粉红色，卖出的内裤条数没有变化；而 A 款从白色到粉红色销售量却翻了两倍，这是为什么呢？

色号 / 编号	粉红	黄色	
A	18	7	2.5 倍畅销
B	7	2	滞销

图六

色号 / 编号	白色	粉红	
A	9	18	从白色到粉红色销量翻了 2 倍
B	7	7	从白色到粉红色销量不变

图七

前面提到的所谓观察现象可以发现差异，说的就是这个道理。

发现问题之后，我们把内裤实物拿来，一起摆放到桌面上。首先分析为什么会出现畅销和滞销现象。因为每款商品各有四件，容易看得眼睛发花，所以决定先在同一款里进行比较。比如 B 款产品，我们将畅销的白色、粉红色内裤和滞销的茶色及蓝色内裤进行对比，看到底有什么差异。结果发现白色和粉红色色彩亮丽，而茶色和蓝色内裤要灰暗很多。

由此，我们就明白了 A 款的白色和粉红色畅销，而茶色和蓝色滞销的原因，也是因为前者亮丽、后者灰暗（像是弄脏了）的缘故。这样，我们就解决了一个问题。

接下来是讨论同是粉红色和黄色内裤，为什么 A 款的销量是 B 款的二点五倍的问题。经过调查研究发现，A 款使用的是高档蕾丝，而 B 款使用的是比较差的蕾丝。

最后一个问题是查找白色和粉红色内裤销量差异的原因。通过分别比较 AB 两款的白色和粉红色内裤发现，粉红色内裤配白色蕾丝更加醒目，能很容易辨别所用蕾丝质量的好坏；而白色内裤配白色蕾丝就没有那么明显。

光明思想

夜晚过去就是白天，冬天过去就是春天。

无论处于怎样的逆境，不灰心沉沦，能看到前方的光明，过好充满希望的每一天，这就是“光明思想”。

有了“光明思想”，就能把人们发牢骚、生气、担心遭遇厄运、嫉恨和相互倾轧的阴暗心理转变成充满希望、感激、能感受喜悦和乐于助人等具有建设性的健康心态。

在当年失败者心态蔓延的三爱，那种早上一睁开眼就心情沉重地想："今天不得不去公司上班吗？真烦"的心理状态，和心里想着"今天我一定能遇到什么好事"并兴冲冲上班的心情，在对待工作的态度上会截然不同。

为了让"光明思想"在员工的心中扎下根，有些管理者结合现场的实际情况，向员工们介绍库埃法则（在晚上睡前和早上醒来的时候，对自己说"我会进步，我会在所有的方面取得进步！"如此反复十次）和墨菲定律（逐条写出自己的最好状态，并摆在眼前明确化，并熟记于心）。（另，关于这两个法则的相关书籍很多，感兴趣的朋友可以找来阅读）。

尽管公司因业绩不佳处在经费紧张的情况之下，为了促进员工的观念变革，我还是定期派遣员工参加 HPD 学习。

自我成长思想

人到了二十多岁之后，身体就会停止生长。智力则到四十岁后半期开始衰退。但直至死亡，思想可以一直成长。

在我们幼小的时候，有人会告诉我们教养之道。而等到长大成人，有了社会地位之后，这样的人就无处可寻。相反还会出现给你使绊子的人。在这样的环境下，我们要想拥有做人的能力，唯有不断磨砺思想，让自己的灵魂获得成长才能做到，也就是说必须不断地“自励努力”。

所以，三爱的 QC 小组都有如下必不可少的三要素：

①可明确进行自我评价的机制；

②可展开公平竞争的机制；

③让自己对自励努力结果感到高兴的机制。

因此，为了让小组活动更加活跃，我们在三爱的全国员工大会上对表现优秀的地方小组进行表彰，还请矶部教授针对各小组的不足之处以及今后的发展方向进行具体指导。各小组都感受到了公司高层的公正对待，因此更加自励努力，从而推动小组活动的蓬勃发展。

中小企业的 TQC 问题

我认为，引进到日本的 TQC，发展成了独特的“和工作现场密切相关的小组活动”。

作为日本 TQC 的策源地的日本规格协会，对所谓“TQC 七大工具”的解析技术进行了细致规定。但也有人对此提出质疑，认为本来就是一套质量管理方法，现在却要为了分析而分析，结果反而徒增编写文件和开会的时间，岂不是本末倒置。何况在如今讲求工作效率的时代，小组活动这种自下而上的管理模式已经无法跟上时代的步伐。

所以，对于中小企业开展的 TQC 来说，关键是不能拘泥于形式。不要考虑能否拿“戴明奖”的问题，虽然这样考虑会冒犯日本规格协会。

为了让眼光聚焦到现场和现实问题上，可以给自己拟出一个简单的题目——“寻找身边感到棘手的问题”，因为是在自己工作中寻找，所以这样的问题应该容易找到。这也许是中小企业开展 TQC 活动的诀窍。

而且，社长不能把这些问题丢给部下。如果部下是光说不练的人，那么对问题的分析就会变成一场游戏。这就好比让一线员工忘掉“以客户为导向”的思想一样，百害而无一利。所以，社长作为最终责任人，要亲自深入到一线现场，耐心倾听一线员工的意见。

社长在现场要做到“善目”、“大耳”、“小嘴”，希望中小企业的经营者把这三点视为成功开展 TQC 活动的关键。

为了不让读者朋友产生误解，需要说明的是，三爱重建的成功并非完全寄希望于员工的小组活动，而是同时推进确立公司外部的一大改革——“以客户为导向”，保证畅销商品随时供应的 SPA 运营模式。

但是，若无三爱内部员工的观念变革，SPA 运营模式也无法收到成效。作为开展 TQC 活动的责任人，我大胆推动“客户满意是我之喜”的理念得以实现。因为不实现这个理念，三爱就不可能扭亏为盈，所以我下定决心，不达目的誓不罢休。结果，斗志涣散之风蔓延的三爱公司从根本上发生了改变，终于迈出了扭亏为盈的第一步，第二年就有了一些盈利。到1984年的时候，年盈利达到了4亿日元，之后每年以两位数的速度增长，完全变成了一家盈利企业。1990年，三爱的营业收入为700亿日元，经常利润达到了20亿。

4.【实例】从现实和现场中寻找促进成长的抓手

通过现场改进让经常利润提高了三倍

在本章，我将介绍一些不按部就班开展QC小组活动的中小企业通过巧妙运用TQC分析方法，让经营业绩实现快速增长的实例。

本书第二章提到的D公司（从事房地产中介管理，现在的年销售额25亿日元，经常利润10亿日元），在我参与管理之前，年销售额为15亿日元，经常利润只有3亿日元这样一个水平，而如今已经成长为盈利能力首屈一指的行业翘楚。在我参与管理的六年时间里，其经常利润达到了10亿日元，增长了三倍以上，一跃成了高盈利公司，这不能不让人惊叹。

发生这么大变化的最主要原因，我在第二章里已经交代清楚，是因为D公司社长的营销活动和庞大的委托房产管理取得了成功。但是，除了这两点，利用TQC方法锤炼员工的营销能力，也是提升业绩的一个重要因素。

利用差异使签约率大幅提升

D公司有二十家营业店铺。店员们根据客户的要求提供相关商品信息，并带客户到现场去看，如客户满意，就签订合同。中介费是他们的主要收入来源。他们所从事的是一种和现场密切相关的正规业务。

通过向客户推介房产信息达成的签约率（成交率），业界平均为50%，而D公司的签约率达到了70%～80%，成交率之高让人惊讶。

虽然比较的是平均成交率，但让D公司获得高成交率的秘诀却不是“以平均值看问题”，而是完全相反。说到这里，也许有读者会问怎么会这样呢，下面我将对其进行说明。

前文已经说过，TQC活动中有一种针对现场的“利用差异思想”。平均值是抽象反映现场或现实情况的概念，而“利用差异思想”是如实反映现场或现实情况的概念，后者要解决为什么会出现差异的问题。

如果为了改进现场工作的方法，把全公司的数据拿来求平均值，那根本无法找出问题的线索。只有现场的差异才对解决问题有所帮助。现将D公司作为实例进行说明。

D公司共有二十个营业店铺，有一个店长两三个店员的小店，也有店长副店长外加十几个员工的大店。在利用差异性进行现场改进之前，每个店的业绩情况千差万别。从成交率来看，大部分网点在50%到70%之间，业绩好的网点最高能达到90%，次一点的也在80%左右。业绩差的一般在40%左右徘徊，还有个别网点甚至低到了30%。总体平均下来的成交率在55%左右。

从这些数据我们可以看出，以前D公司的成交率略高于同行业平均水平，而D社长采取的改进措施正好和TQC的理论相吻合。

D社长关注的就是成交率的差异性。他亲自跑到成交率表现较好的店里，通过自己的眼睛观察每个员工的实际工作状态，从中寻找提高成交率的特有方法。于是了解到以下信息：

①全员出去跑房产项目，通过自己的眼睛确认交易房产的条件。

他们不仅对交易房产的房间布局、采光和通风情况了如指掌，甚至了解包括附近的学校、医院、超市等周边环境。为了确认该房产离最近车站的距离，他们会实地走一次。另外，考虑到来租房的可能是年轻女性，他们还不忘在夜晚去查看进出道路的路灯照明情况。

②用 70% 的时间了解客户的需求，用 30% 的时间介绍自己的产品。

他们把大部分时间花在了解客户的需求上，而对房产介绍花的时间较少。这样，可以很快挑选出完全符合客户要求的产品并把它推荐给客户，并在很短的时间内和客户建立起信赖关系。

③介绍房产时替对方着想。

因为对房产的周边环境已经了然于胸，所以可以向客户进行详细介绍。不仅介绍房间布局还包括客户租住后在生活方面需要注意的问题。比如，如果客户有很小的孩子，他们会考虑到孩子的安全问题，殷勤地告知对方楼梯或自动扶梯的相关情况、护栏高度、附近幼儿园和医院等信息。

④和房主交涉房租金额。

不管怎么说，每月支付的房租是问题的核心要素。当判断房租过高时，他们就不再接受房主的报价，而通过交涉让其降价。因为他们说的让房主心服口服，结果房主反而感激他们，把他们当成依靠。

⑤态度温和，说话简洁明了。

他们态度温和，从不说与事情无关的话。向客户推介产品时，声音清晰洪亮，措辞准确。

业绩突出营业网点的员工们能做到这些，是“以客户为导向”思想指导行动的结果。他们时刻把有益于客户作为自己的行动指南，做好一切准备，迎接客户的到来。

接着，D社长又到成交率较差的营业网点，同样对他们的工作现场进行观察了解，发现这里的情况和那些业绩好的店铺完全相反。

因此，D社长制订了严密计划，开始针对落后营业店铺进行“手把手帮扶教育”。

他把落后店铺的店长和员工集中到一起，让那些表现出色店铺的店长和领班讲述日常工作中必做的内容，他也亲临到场。每说到关键处，社长都要再次强调:“现在说的这个内容很重要，大家要好好听!”在谈到向客户介绍产品时，社长亲自走上台前，通过角色扮演的方式让落后店铺的店长和员工们演练具体做法。

D社长对二十家营业网点的成长状况了如指掌——“这家店还要进行三次帮扶教育，那家店再搞一次就行了。”就这样，D公司那些表现不佳店铺的业绩很快得到了提高。

优秀的老员工做这些技巧方面的东西，可以说是易如反掌，但要通过文章进行说明或者形成理论却很难，这样的技巧我们叫它“隐性知识”。而将隐藏在工作现场的特有方法让所有人共享，就是“隐性知识的共享化”。

D公司的“手把手帮扶教育”就是利用TQC思想，从工作现场找出“隐性知识”，然后让它和所有人共享。

区别使用“自上而下”和“自下而上”两种改进方式

随着“手把手帮扶教育”的推进，产生了意想不到的效果。

首先，原本业绩出色的店铺成交率更高。因为他们是大家学习的榜样，所以那些担任其他店铺老师的店长和领班对待工作更加用功，于是形成了良性循环。他们的良好表现也会对那些业绩平平的店铺产生影响。业绩平平的店铺尽管没有接受特殊的培训，但会自发地模仿先进店铺的做法。结果，自然促进了全公司成交率的快速增长。

其次，D社长还让公司的专务董事——自己的儿子参与到“手把手帮扶教育”中来，在工作现场辨识员工工作状态的好坏，出面进行帮扶。

专务董事刚进公司的时候，D社长并没有进行特殊对待，而是让他以一名营业所新员工的身份，到一线进行充分锻炼。这样做固然有好处，但常常因为置身一线而无法总揽全局。但是，通过这次和社长一起体验“手把手帮扶教育”之后，对于如何把自己以前在现场发现的矛盾和问题视为整个公司的问题来解决，专务董事逐渐有了具体想法。

如今，他和社长分别负责几个重点营业所，每两周与店长一起开展一次细致的现场改进工作。他目前已经成长为社长得力的左膀右臂。

也许有些读者会说，D公司的帮扶教育说到底是自上而下的改进模式，不是TQC小组活动那样的自下而上吧！殊不知，在缺乏人才的基层一线，如果生搬硬套TQC，把对现场改进的工作完全交给一线员工完成，就会出现以下犯上的现象，闹出笑话。

有些中小企业因自身体制，不得不开展自上而下的改进，这一点需牢记。只是在改进过程中，管理者必须做到直率、热心调查研究以及平易近人。如果做不到，那么这种单方面自上而下的改进就会变成“一个人的相扑”而无果而终。

像D公司这样的行业，每年1月到4月客人很多；这段时间一过，客人就少了，淡旺季泾渭分明。到了淡季，D公司有一半员工被要求准时上下班。虽然社长每天照样工作到晚上十点以后，但对部下总是说：“不用担心，早点回去吧！”正因如此，到了旺季时，员工们都自发地在休息日加班。

另外，他们还在淡季时组织优秀员工去国外旅游，出资为员工举办盛大酒会，这时他们无条件消费，完全是以基层员工为主体的自下而上的方式。

像这样区别使用“自上而下”和“自下而上”两种改进方式，对忙闲、强弱程度进行综合考虑，也是中小企业社长在促进“自下而上”改进方面应该做的事。

让失败者东山再起的店长教育

D 社长的卓越之处还在于他的驭人术。他为那些在工作上遭受失败的干部提供东山再起的机会，让他们重新获得新生。

虽然这个问题并非 TQC 所涉及的内容，但我想从培养员工自发要求进步的思想的角度对 TQC 思想做一点补充。

让我们再回到刚才提及的 D 公司落后营业网点现场检查的话题上来。

前面已提及，在先进店铺，作为“隐性知识”被实际运用的各要素，在落后店铺里却出现完全相反的倾向。D 社长是通过其他角度发现这种迥然不同的态度差异的。

这种差异其实反映的是店长能力的差异，所谓“强将手下无弱兵”。先进店的店长无一例外地个个都有很强的能力，且关心部下；而那些落后店的店长，看他们的工作状态就知道业绩肯定好不了。

尽管公司耐着性子进行了多次教育，但有些落后店铺的店长就是无法很好地理解，业绩也上不去。遇到这种情况，很多社长就忍不住要采取激烈手段，臭骂一顿责令自动辞职，或者降级使用以儆效尤。

D社长也干过这样的事。他曾处分过一名业绩老也上不去的店长，把他降到旗下最小一家店铺任店长。但是，D社长会给被处分的干部提供东山再起的机会。为了帮助那个被降级的店长进步，他会隔一周亲自到那店长那里对他进行一对一的指导，非常有耐心。

D社长说："毕竟是我让他来当这个店长的，我一定要设法帮助他胜任工作。人是可以改变的。"他就是这样一个意志坚韧、绝不轻言放弃的人。

但据我所知，在D社长的帮助下，最终成功实现东山再起的店长只有这一人，其他人都只有不至成为公司累赘的小幅进步，所以我感觉D社长在这件事情上是事倍功半。

然而，D社长的做法却对公司的干部和其他店长产生了非常积极的影响。因为对一个公认有问题的人，他尚且要努力帮助其进步，这种姿态对那些能力优秀者显然是有教育意义的。

对能力强者促其自励，对能力弱者不抛弃、不放弃，设法帮助其进步——D社长这种态度的转变，让公司渐渐自发地走上了"自下而上"的改进之路。

在驭人术方面，我反而从D社长身上学到了很多东西。

第五章　组建营销精英团队

无论处于怎样的景气环境之中，为了卖出去商品，获得最好的经济效益，当务之急是对公司的销售部门、营销网络以及供应商等进行战力测定，了解自己所拥有的真正实力，并坚持对亟待改进的薄弱环节进行持续强化，打造出一支营销精锐团队。社长必须负责为这个团队注入灵魂。如果没有灵魂，不能把全体员工凝成一股绳，那么这个团队将无法随心所欲地发挥战斗力。

1. 营销部门的战力测定和强化要点

要把握现有战力中的真正精髓

公司销售部门的真正实力只有在经济大环境不景气的情况下才能显露出来。经济形势倘若非常好，受其影响，公司的销售额和利润会相应走高，结果销售实力方面的缺陷被掩盖，表面上看不出来。即使是普通的营销实力和普通的销售方式，在景气形势的推动下，也会出现比上一年更好的业绩，稍微努力一下，销售业绩就上去了。即便营销实力尚有不足，只要不犯非常严重的错误，维持和上一年持平的营销业绩也是没问题的。

但若经济形势不好，情况就截然不同了。在没有相当营销实力的情况下，要想提升销售业绩恐怕很难。若只是普通的实力，即使要维持和上一年度持平的业绩水平，都得付出很大的努力才能做到。这时，营销实力不足的问题会很快暴露出来，努力难以奏效，业绩出现下降。若营销实力本身很弱，就很容易面临业绩大幅下降的局面。

如果把营业收入和利润下降归咎于经济形势不好，那么这样的社长是不称职的。

作为一个公司的社长，如果不能时刻冷静把握自己公司销售部门的现有实力，且不管外界经济形势是否景气都能持续对其进行强化的话，一旦出现问题，销售方面的缺陷就会暴露无遗。尽管如此，但对自己公司的营销实力知之甚少的社长还是大有人在。

我在给企业做咨询过程中，感受最深的是：有些内部管理型社长把营销实力理解为从事销售人员的人数，只关心销售目标的数字达成。当营销干部反映销售实力不足时，社长会命令："这种形势下岂能增加人手？现有人员要加油干！"结果当然是商品销售不出去，目标无法达成。

销售人员也是人，存在着能力提高和下降的问题。作为社长，必须要了解公司现有的销售实力，哪怕是大概了解也是好的。

例如，地方上的二级批发商，一般是向零售店和终端客户推销商品。社长若非始终掌握自己公司的营销实力并持续强化的话，营销部门就会不知不觉忘记销售额的取得靠的是，拥有一批稳定客户这一基本事实，从而懈怠起来，走访客户推销商品的频次也会减少。

越是营销高手越会这样：只在那些一句话不说也能卖出商品的特定老客户身上花费时间；对于二级客户，甚至都不去走访，只等对方打电话来下单。虽然营销能力不断下降，但很多社长被经济形势好时业绩快速上涨的假象所迷惑，没有意识到这一实情。

即使在经济形势下行、销售业绩难有进展，但是销售人员却还是习惯保持以前那种营销方式，不想增加访问频次。客户那里则都变成了只能痛快聊天、却难有实质收获的去处。于是，销售员们便发出了“在经济不景气时，走访也是白搭”的哀叹，从一开始就放弃了对新客户的开拓。

虽然社长拼命激励部下促进销售，但仅凭已然衰弱的销售能力，却难以维持和上一年度持平的销售业绩。在突然强调业绩目标数字达成的高压之下，营业部门只好向那些比较好说话的商家硬性推销，勉强凑数，以避免社长骂人。结果使得状况更加糟糕。这样胡闹的事例最近也出现了不少。

那么，社长应该怎么做才能了解公司真正的销售实力呢？答案很简单，那就是亲自到营销一线去。反复强调销售人员要走访客户，但部下仍然执行不力时，社长就应亲自开展营销活动，到销售现场去了解公司营销实力的真实状况。在本书的开头就谈及，社长亲自走访客户，可快速了解自己公司的销售实力，发现营销现状上的弱点，找到解决之道。

前几天，在我的研讨会上，有个从事食品批发的地方企业的第三代社长问我：“老师，我知道今后‘提案式营销’非常重要，在公司反复强调，但部下并未如我希望的那样行动起来，我该怎么办?”

翻阅一下书店里大量关于营销方面的书籍，我们就会发现很多书都提到了“提案式营销的重要性”、“战略战术重要性”。但是这些都是以公司拥有能具体实施这些策略的人才为前提的。

中小企业，有组织的员工教育培训尚且很难做到。员工中甚至有人像某首相那样不会读写汉字，当然虽然企业中也有些销售人才。要让这些员工去实施“提案式营销”，首先必须把握现有的营销实力。

针对那位社长的问题，我的回答是：不做现场调查，我很难正确回答你的问题。但我可以给你一个建议，贵公司销售员中，一定有一两个擅长商品推介和企划的人。你可以和他们一起做“提案式营销”。通过这种方式强化贵公司销售员的销售技能，让“提案式营销”方式在贵公司扎下根。若非这样，“提案式营销”始终将是一句空话。想要从事真正的“提案式营销”，先要测试公司的销售实力，看是否具备这方面的能力。

那么，如何测定公司的营销战力呢？下个章节将对此进行说明。

战力测定和战力强化的具体做法

先举一个最简单的例子。

假如一家公司有销售员五十名，社长和销售部门的干部要对这五十人逐一进行评价，将能力优秀者归于A类，较差者归于C类，剩下的全部归于B类（这种分类只是一种主观上的判断，和工资奖金不挂钩）。然后打分：A类是5分，B类3分，C类1分，最后得出全体销售员的总得分。这个总得分就是该公司的现有战力，也就是现有的营销实力。这样的评价每三个月进行一次，观察战力（总得分）的提升过程。

根据以往的经验，初次测定时，五十人的销售员当中，达到A类的一般有四到五人，C类的有四到五人，剩下的四十多人全为B类，B类最多。战力的总得分基本上在150分左右。

需要注意的是，这个150分并没有什么特别意义，重要的是看它三个月后如何变化。

现实情况是：有很多中小企业的社长，他们不关心现有战力的测定，而一味增加销售员的人数。众所周知，未来销售能力的强化并不是通过胡乱增加人手就能实现的——增加销售员数量的确可快速提升现有战力，它是以处于成长期的行业、且行业范围在持续扩大为前提的。

在不增加人手的情况下提升战力，即提升现有战力，仅仅依靠努力是不行的。A类销售员即使不去管他，他们也会努力干；而C类销售员即使在他们身上花费很多精力，业绩也很难提高，这是现实情况。要想提升战力，社长和营销干部必须通过直接传授实战技巧和经验，重点培养 B 类销售员，让他们上升到 A 类才行。

将 150 分提升到 180 分或者 200 分，社长和营销干部要从 B 类销售员中选拔一些有可能成长为 A 类的员工，比如五个人，然后分工对他们开展 OJT（现场营销实战培训）教育。三个月后，如果他们成了 A 类销售员，那么总得分就增加了十分，如此反复进行下去。这种培训模式我们称之为“少数精锐化”。

从战力测定的实际情况来看，有些地方上的建筑企业，因为社长参与营销工作，结果和员工们一样成了评价对象，即社长为 A 类，部长 B 类，销售员 C 类。如果把社长和员工们放到一起评价，当然是这种结果，但这样的评价方式是错误的。这样评价永远无法提升公司的整体营销战力，管理人员和销售员必须分开评价。具体到这个例子，就是不能将全体销售员都归到 C 类，也不能强行评出 ABC。

另外，还有一家从事办公设备批发的企业，他们有六十个销售员，战力测定结果是 A 类只有两个人，大部分都是 B 和 C。社长根据干部能力将五个人评为 B 类，两个人评为 C 类，连销售部长也只得了个 B。这种情况下，要建立一支强大的销售队伍，应考虑物色更合适的人来担任销售部长，这是强化营销战力的关键所在。

战力测定的评价标准

在进行营销战力测定的时候，一些大学毕业的知识分子干部提出了异议。具有代表性的是：三类评价方式不够精确，至少也应该分成五类；对人的评价，应事先规定评价要素和标准，以免产生不公平或主观臆断的现象。

但是我认为：这么做的最终目的就是制定企业战力评价标准。对于中小企业而言，社长可根据主观判断来确定销售员的ABC 等级，这是最正确的做法。

至于增加评价等级，比如 B 级以上为 4 分，以下为 2 分，乍一看似乎很合理，但对了解现有战力上升状况，却并无多少实际意义，这一点应该明白。

如果企业人数的确很多，那么社长就不一定能正确了解全体员工的工作状态了。对总部见面机会多的员工的评价和对在外地营业所上班员工的评价也许会存在一些误差。另外，如果评价对象是一百人甚至五百人，评价工作就得交给现场的课长和部长去做，若现场的课长或部长发生人事调动，对员工评价就不一定是同一个人，不同的人打分也会有微妙差异。

所以，事先确定三到五条尽可能简单的评价标准比较好。

比如，经营工业原材料的商社或者从事服务性的公司可以结合行业特点设定几条标准：在直接面对终端客户的情况下，除了要有销售实绩，还要腿脚勤快、有韧性、受客户欢迎、有企划能力等简单要求。这些也可以视为“销售员最理想的素质”标杆，成为公司培养员工的目标。

但是，始终不能忘记我们的目标是测定现有员工的战力。希望诸位经营者切实避免管理部门流于形式，不要像人事考核似地胡乱增加评价项目，大费周章；也不要为了以示正规，召开评价会议，白白浪费时间。最多只需社长根据自己的判断大致评价一下即可。正因如此，在实战中才会发挥作用。

不用日报而用日记的方式让多数人实现整体提高

前面已经谈及，为了提升公司的营销战力，需要从 B 类中选出 5 名左右的优秀销售员进行特别培训。这样做，问题就来了——其他大多数 B 类的销售员该怎么办，就弃置不管吗？

我是实战派，不是教育专家。我的目的就是让公司营销部门的实战能力得到提高，没有时间像一些大企业那样以专业研修体系为前提大谈理想主义。在此，我所介绍的都是一些地方小企业也能做到的切实可行的办法。

以我的切身经验，为了让被选中的 B 类销售员成长为 A 类销售员，社长需要亲自进行特别培训，这会带动其他 B 类销售员模仿跟进。与之前不做战力测定、单凭社长号令行事的做法相比，现在这种不慌不忙、稳扎稳打的做法才是最佳捷径。

另外，关于如何锻炼 B 类以下的人才这一问题，我主张：废除营业日报制度，改为让他们写“营业日记”。

很多公司都要求销售员提交营业日报，但提交上来的日报却很少有人仔细看，更别说提出合理意见了。销售员们也知道这一点，所以每天的日报内容也都相差无几，完全流于形式。

为此，我建议废除没人看的营业日报制度。因为日报中记录的都是些走访经过、访问单位的推销状况等情况，比如，××时间访问 D 公司的山田部长，推销 B 商品，因对方不感兴趣，没有报价；××时间访问 F 公司的川田课长，推销 A 商品无果。计划再去拜访等，易流于空谈和形式主义。

据我观察，很少有上司会抽时间确认部下报告中业务后来的进展情况。日报写了没人看。说得极端一点，即使销售员在日报中把自己在咖啡馆偷懒喝咖啡说成是走访某个客户，也能蒙混过关。这样的日报，读和写都没有意义，只是浪费时间而已。

取而代之，可以让销售员写“营业日记”提交上司。既然是“日记”，当然要写一天中印象最深刻的事物，而不必罗列走访经过和所有客户。只要求记录成交可能性及报价等与业务直接相关的事情，这就逼迫他们要写得具体。比如：“K 店长说我们包装的颜色太单调，不引人注目；我们的竞争对手 B 公司的新品发布会将于 × 月在 E 宾馆召开；采购部部长最近心情不错，因为女儿生了个男孩”等等。内容不限，只要把印象深刻的事情写下来即可，如果实在没什么可写，不写也行。

走访客户的时间等内容是次要的，怎么写都行。重要的是应尽可能描述一下客户的表情和交谈现场的气氛等自己的感受。对于部下提交的营销日记，上司必须阅读。二三十个销售员的日记，读起来也不费什么事。通过阅读部下的日记，即使没有同去现场，也能大致推测当时的状况。对于那些引起注意的现场信息，要向部下确认并向上级汇报，实现信息共享。

一些上司经常犯的错误是从日记中挑错，贬斥部下。事实上应该告知部下：记日记的目的是以最快速度收集现场的原始信息。同时还要通过 OJT（实战培训）教给 B 类 C 类部下如何寻找营销工作的乐趣和着眼点。

对于那些什么也不写的销售员，要提醒他们：通过日记记录和客户商谈现场的气氛、客户仓库的状况等信息，对工作会有很大的帮助。这种 OJT 可提高销售员的基本能力，并促进公司总体营销战力的提升。

同时，还要创立一种能让 B 类 C 类在内的所有销售员都能专注于营销业务的机制。关于这个问题，我将在“注入灵魂”一章中再行说明。

少数精英和富国强兵

社长除了要考虑自己公司营业部门的战力测定和战力强化外，还需要注意下面几个问题。

到目前为止，我所说明的归根到底是关于如何强化现有战力的问题，也就是在不增加人手的情况下，如何通过反复磨炼B类销售员，提升他们的能力。使得现有营销部门的战力数值——从现有的150分提高到180分甚至200分。

这时需要注意的第一个问题是，虽然公司在不断推进个人精英化发展，但也存在人手不够的情况。例如零售业或殡葬业，为了扩大商圈，必须开设新店。这时现有销售战力就不够用了，不得不增加人手，于是战力数值自动提高。若把增员前后的数字进行单纯比较，虽然对战力情况有了了解，但这和人才精英化无关。

所以，需要以增员后的营销战力数值为基点，考虑如何提升这些人的营销战力。战力测定数字最好能简约成社长易记的数字才好。

需要注意的第二个问题是：通过提供新式“武器”，在不增员的前提下，实现营销战力质的飞跃。最近，IT设备的普及非常迅速，且初期投资不大，因此，可以用IT设备来武装营业战力。

比如，某地有家办公用品批发公司，他们的销售员全部配备了小型笔记本电脑，可以现场提供库存检查表、交货计划书和报价表等相关文件。还有一家金属产品加工工厂，他们使用笔记本电脑对工厂的生产日程进行确认，当着客户的面核对产品的大致交期，实现顺利接单。这两家公司均为七八十人规模的中小企业，他们的做法就是通过采用 IT 设备来弥补营销战力的不足。

就是说，希望企业经营者们在强化营销战力的同时，不要忘了采用最新式的“武器”武装自己的营销队伍。所谓“富国强兵”，增强营销战力的最终目的就是为了发展壮大公司。所以大家不要只想着扩充销售团队，发号施令，还要牢记对现状进行战力测定，在日常工作中坚持推进实质性强化。

不要忘记增加营销支援人员

在强化营销部门战力方面，中小企业容易忽略营销支援人员的增加。营销支援人员作为社长营销的触角和营销部长的参谋，他们通过装备 IT 设备（刚才提到的）负责构建提升销售员销售战力的结构体系，并制定具有完全实战水准的有效战略战术，然后交由担当部门实施。

例如，在时装行业、零售业或饮食业，为了发现当前的畅销产品，而开展前面章节中已介绍过的“定点观测”活动，通过这个活动来了解客户最新动向的原始信息。另外，为了开设分店，他们还要进行选址调查。负责这些工作的营销支援人员，在公司发展到一定规模之后，就是一支不可或缺的营销支援力量。

但是，纵观全国的中小企业，最薄弱的环节莫过于这个营销支援功能。首先，很多公司没有配备专职的营销支援人员，即使有，也是只管接听电话和复印的女性员工。其次，有些公司虽然配有专职的营销支援人员，但他们的能力让人怀疑。

为什么会出现这种情况呢？毋庸置疑，还是因为很多社长不太明白负责人和支援这两个岗位的区别。有些人因为不会做销售，结果被派去做支援工作，这样的例子有很多。有些社长把所有的营销工作包括支援部门的工作一股脑儿都交给销售部长，自己只管督促。或者让一些大学毕业光说不练的学生来做营销支援工作。因为他们理论上很有一套，什么调查呀统计呀，说得头头是道。只会动脑的人是不适合做营销支援工作的，他们擅长的是企划和建议。营销支援人员必须能成为社长和销售部长的手足，要经常在现场中穿梭往来，这是一项需要付诸行动的工作，其重要性就在于此。如果做不到这一点，社长就会两眼一抓瞎。

在本书前几章，我一直强调社长要走出公司，到客户中间去。虽然说得没错，但真要这么做，是够社长忙的。社长可以用自己的一大半时间走访客户，不可能把全部时间都用在这上面。这时就需要建立一支营销支援力量，作为社长的手足耳目，时刻掌握客户现场的动向。

反过来说，营销支援工作的人干什么，什么样的人适合做这样的工作等问题，在社长走出公司从事营销工作时，马上就有了具体答案。

当需要一个人处理很多的问题时，社长请不用着急。你可以任用一些专职的支援工作人员，让自己抽身出来，以便应付各种工作。

2. 销售网络的战力测定和强化要点

所谓全国性的邮购

要测定公司销售网络的战力，一个重要前提就是看自己能否有效控制这个销售网络。只要不是直接面对终端消费者，需要通过批发商、代理店和零售商向客户销售商品或服务的情况下，要想把商品卖出去，就必须牢记从商品流转到最终送到客户手里，一路上有各种关口。

在和日本全国众多的中小企业经营者打交道的过程中，我不断发现：为谋求业务在“全国开展”而失去自我的社长实在是太多。

通过观察一些中小企业，我发现它们的销售网络并不掌握在自己手里，特别是一些代工工厂，业务都来自母公司。也就是说，这些公司的所谓营销是有名无实的，是典型的接单型业务模式。自己出资开展销售的经验很少，当然无缘拥有和终端客户及消费者卖货的销售网络了。正因如此，一旦母公司景气不佳，停止下单，它们的日子就变得艰难起来。

下面是一家代工零件工厂的社长来找我咨询时的谈话。

“我不打算做代工了，所以运用自己掌握的技术开发出了一种具有划时代意义的产品。这种产品放在家庭浴缸里，可以对洗澡水进行自动净化。现在，我想在全国展开销售，您看该怎么做好呢？”

尽管这位社长对自己开发的商品非常自信，但他的公司之前一直是从母公司接单生产然后交货，根本不知道如何销售，向哪里销售。

后来，他找当地一位从事和水有关的产品批发的朋友商量，结果人家给他介绍了一位对日用品超市有销售渠道的批发商。好不容易找到的这个客户虽然答应订购他的产品，但试单五百个后，就再也没有消息了。到这时，这位社长根本不知道自己的产品到底还能不能卖得出去。他很疑惑：明明是一个挺好的产品，为什么不能很快在全国打开市场呢。

经营多家公司的各种相同商品的批发商叫“多色店”，经营同样商品的批发商（特约代理店）被称为“一色店”。如有可能，刚开始发售的产品上“一色店”货架最理想，但多数情况下，都是不得不先从进“多色店”开始的。

商品上了批发商的货架，很快就能上市并在全国畅销开来——这样的梦想固然美妙，但现实却不容乐观。一种商品对于批发商来说，只不过沧海一粟，只占他经营的庞大商品数量的数千分之一甚至数万分之一的比重，很难指望批发商能和我们自己一样积极推销我们的产品。

其中，有些经营者并不着急，它们梦想有朝一日自己的产品能打进一流商社，那样就可以在世界范围内展开销售。殊不知，越是一流商社，其代理的商品越多，即使能打进去，也只占几十万分之一的比重。

然而，厂家把商品营销完全寄托在批发商或者他人身上，结果产品卖不出去，只能徒自叹息的实例实在不少。其原因当然还是自己无法控制批发商和零售商、没有一个稳定的销售网络的缘故。这时，经营者是否考虑构建自己的营销网络，将直接影响以后的事业发展。这种有无构建自己营销网络所导致的结果差异之大，判若云泥。

构建合乎自身需要的销售网络的要点

事实上，有些商品不在大范围内展开销售反而更好。应该根据自己的销售实力，慎重思考推广方法。也就是说，应该构建合乎自身需要的销售网络，这一点非常重要。

要构建这样的营销网络，社长必须提前了解：自己的公司是适合“离心战略”还是“向心战略”，明确后并贯彻执行。

所谓“离心战略”，就是不断向外扩大商圈的做法。

有时候会出现这样的现象：虽然市场占有率有所下降，但商品的总体销售额却在上升。但随着市场不断扩大，管理变得松懈，库存和配送等方面开始不停出现问题。为此，必须在重点区域设立自己可以控制的代理店、支店或营业所。

所以从本质上来说，较之中小企业，“离心战略”更适合拥有资金和人才优势的大企业。

如果中小企业不慎采用了“离心战略”，那就会出现我前面所说的采用“多色店”代销自己的产品、所有商品不加区别进行销售的现象，结果因批发商的相互竞争，导致销售链末端零售店价格的崩溃。而且即使设立了营业所，由于缺乏支店管理经验或找不到出任所长的合适人才，也无法按总部预想的那样发挥作用，反而容易浪费大量经费。

因此，很多中小企业为了缓解自己资金及人才不足的问题，老想搞连锁经营，以便实现产品销售在全国范围内快速展开。但是在没有任何连锁经营经验的情况下盲目扩张，最后必然会因经营不善导致连锁店出现纠纷并引发大混乱，这种情况时有发生。

最后，因为那些采取“离心战略”的中小企业一般都倾向依靠现有的流通行业开展销售，所以很难进行营销网络的战力测定。而那些“多色店”的批发商，他们一般是不能快速用数字来反映销售战力的。比如某个商品被评价为 B 类，如何让它上升为 A 类；或者旗下有家 A 类零售店，如何对其进行管控等问题都不在他们的考虑之列。也就是说，这些批发商永远不可能计算出战力数据。当经济形势不好的时候，这些弱点便很容易暴露出来。

所以，努力培养能用数字反映且自主可控的销售战力，并逐步扩大销售范围，这一点至关重要。具体该怎么做，将在下章“远交近攻原则”里进行说明。

接下来我们谈谈“向心战略”。所谓“向心战略”，是指将商圈限定在自己周边，并对该市场进行深入挖掘，以提高市场占有率的做法。这种战略多为地方上从事二次批发等直接面对终端客户的商家所采用，是一种适合中小企业的营销战略。

比如，将县内的商圈进行细分，然后通过自己的营销力量进行渗透。如果某个地区的销售额上升，则在该地区设立派出机构或营业所，以巩固在该地的市场占有率。这样，由于实现了对自己主导营销网络的有效控制，就容易做到对战力的测定和强化了。

不过，这种战略也有缺点。那就是市场局限在周边，发展的极限会比较早到来。因此在采用这种战略的时候，必须牢记要不断向用户提供新产品和新业务。

比如，有一家生产包装材料的 E 公司，本来是做纸箱板的代工工厂。在很好地巩固了和当地客户的关系之后，他们发挥自己交货快、转型快的优势，开始生产纸箱板的成品纸箱容器，结果销售额提升了三倍。

远交近攻原则

所谓“远交近攻原则”，是指在近的地方采取直销方式，在远的地方采取通过批发商代销的方式。也就是说，利用自己的营销战力强化周边市场，远的地方则交给他人代劳。这个原则同时吸收了“离心战略”和“向心战略”的优势，是中小企业构建销售网络所应遵循的原则。

公司渐渐发展壮大后，要在全国范围内销售产品，就必须研究重新构建自己的销售网络的问题：是保持和过去一样，委托批发商（多色店）代销商品还是发展可控的代理店或者特约店（一色店），或是自己直接销售还是多种形式兼有等等。

不确定经营区域，而一味根据市场销售形势发展批发代理，结果导致零售价格下跌。这样的做法很危险，已经在第一章以保健食品企业 N 公司为例进行了说明。

如有可能，理想的做法当然是从一开始就通过合同方式对某个地区或重点零售商实现直接控制，但除了世界一流的品牌商品，一般难以做到。即使是对既有的批发网络进行改造，如果非相当知名的品牌商品，也会遭到批发商的反对："也不是多么受欢迎的货色，还要这样那样地瞎折腾！"这时若让步，就将从此丧失对商品销售的控制权，不得不任由别人代销。

所以，中小企业考虑的营销方略必须有以下三点：

①"近攻" = 运用向心战略对自己能够控制的地区发动全面深入进攻。

即使当地设有营业所，若是和总部有非常密切业务关系的客户，就应由总部采取类似直销的方式，把商品直接卖给终端客户或消费者，以确立直达终端客户或消费者的销售网络。要做到这一点，就必须严格进行营销战力测定，不断提高营销战力。

②"远交" = 要求在 A 类批发商处安插本公司的专职销售员。

实际上，批发商那里并没有那么多人才，因此可以提出派人员去批发商处，负责本公司的产品销售，费用由本公司负担。一旦对方同意，即可选派合适的人员前往。

虽然派去的人员专门负责本公司的产品销售，但仍然要把批发商的利益放在第一位，营销结果要一五一十向批发商的领导诚实汇报。因为批发商做业务很少“报告·联络·商谈”，派驻销售员的良好表现会使他们很容易获得批发商的信任。

另外，派驻的销售员要经常到批发商下面的零售店去帮助促销。这时为了避免产生误解，要和批发商的销售员一同前往，促销商品的功劳记在批发商销售员的头上。

还有，在批发商举办活动的时候，公司要派人支持并提供相关信息和经验，全面配合。在与批发商之间的信赖关系不断加深之后，有些派驻的销售员甚至因一见钟情成了批发商的女婿。如此一来，这个批发商就成了本公司可靠的支持者了。

③“远交”＝设立指定代理店

一家有实力的批发商，如果愿意充当我们产品的专营店，即“一色店”，那当然再好不过。但这种情况一般短期内很难达成。因此，我们可以通过展示实绩，将对方发展成我们的指定代理店。然后扩大这种只由一家代理店进货的“多色店”式代理店网络。这也是有利于中小企业“远交”的一个方法。

这样，就可以循序渐进地扎实推进可控营销网络的建设。当然，要达到这个目的，在“远交”——远在他乡代销本公司产品的有实力的代理店——定期开展社长营销活动也是必不可少的。

检测销售网络战力的实质

在检测公司销售网络所拥有的真正营销实力时，要像检测自己公司的销售部门一样，对公司有合作关系的批发商、代理店以及零售店都要分别进行检测打分，算出总分，然后以此为标准，对今后的业务开展过程进行检查。这是一条原则。

实际上，我曾对几家咨询过的企业进行过营销战力测定，并且让这种测定结果在代理店强化政策和零售店强化政策中得到具体体现。现以食品企业 S 公司为例：

①总部销售部（二十人）＝属支援力量，非测定对象；

②支店销售部（东京支店五十人、大阪支店二十五人、名古屋支店十七人）＝测定对象

③支店营业所（札幌、仙台、东京、名古屋、冈山、福冈等各处各有四到五人）＝测定对象

④代理店（九家，各家有七到三十人）＝测定对象

⑤批发商、商社（十二家，每家有六十到一千五百人）＝因无法控制，不予测定

⑥零售店（代理店、批发商旗下）＝因无法控制，不予

测定

⑦直销试点店铺（东京一家，四人）= 因是开发团队，非测定对象

像这样，对本公司的可控营销战力进行彻底测定。

对于那些骨干或大型企业来说，如果这种战力测定观念不强，盲目扩大自己的供应网络，在遭遇市场不景气的时候，就会出现物流不畅、供给过剩和库存激增等严重情况，从而导致经营危机。所以我们必须牢记，公司可控的销售力量就是公司的营销实力。

对于那些难以控制销售网络的大部分中小企业来说，即使勉强弄出一堆数据来试图说明自己的营销战力，恐怕也只是纸上谈兵，没有实际意义。还有一些企业，说是有自己公司的销售网络，但其实只是个无法测定战力，不稳定的系统而已。

直销网络的开发

鉴于以上现状，下面我请大家思考的一个问题是强化直销——以全国的消费者为对象引进的“邮购模式”。邮购是100%可控的直销网络。日本网络销售协会公布的数据显示，2007 年的邮购销售额接近 4 万亿日元，比上一年增长了 5.4%。

邮购的主要商务模式是将商品目录邮寄给终端客户或消费者，然后接受他们的订货。如果是有一定毛利的商品，只要能收回巨额邮费和广告费，这种商务模式的事业都是合算的。为此，除商品本身的魅力之外，邮寄对象的选定，以及为提高客户对商品的感知，能对客户产生正面冲击的产品目录、宣传册的制作方法以及邮寄物品时的精心准备理所当然地都成了重要的营销技巧。

但众所周知，颁布实施的《个人信息保护法》规定，禁止公开发布不特定多数个人的住址和姓名。这个规定使通过邮寄开展的邮购业务受到了限制。因此，就出现了本书第一章中介绍的N公司那样的邮购应用实例：通过在报纸上打广告，提供样品来吸引顾客，然后将潜在客户登记造册，针对他们展开邮购。类似这样的邮购应用实例还有很多。

具有代表性的当属利用互联网进行的邮购。邮购商品的种类之广着实惊人，一般消费品自然不在话下，现在甚至连工业材料和中小企业的加工技术都可以在网上叫卖，最近更是出现了网上超市。

例如有一家商务酒店，几年前引进了网络订房后，入住率由以前的60%提高到现在的85%，提高了25%。业内人士也许都能明白，这个数字只有在每天订房的人持续满员的极限情况下才会产生。若每天的实际入住率是100%，那么每天接受预定的人数一定大大超出限额，这样最终会损害酒店的信誉。现实中不可能发生这样的事。

另外，近年的房地产租赁信息开始由杂志向网络大举转移，据说30%的租赁申请都来自于网络。

我认为今后网络销售的发展必能战胜过去的营销模式，保持长久的生机和活力，并变得越来越重要。最让我感到遗憾的是，直接从事网络销售的经历实在太少，不敢多言。但每次去全国各地经营现场访问时，总能强烈感受到它的威力。

有些社长对网络的关注度挺高，也很积极，但很多人因为知之甚少，只好把网络销售等一干事宜全盘交给公司的年轻员工去处理。但近几年，以乐天为首的商家开始在网上开设购物中心，展销商品。商品中不仅有一般消费品，还提供各种生产原材料和服务项目，可谓包罗万象，异彩纷呈。最重要的是这种多元化的产品吸引来了消费者，使得网上交易得以开展。正因如此，希望各位经营者从建立自主可控的销售网络立场出发，大力开展网络营销活动。

邮购销售："人心"是根本

希望大家切记：即便是邮购也要以诚信为本。销售商品不可能忽略"人心"。人与人心心相通的出发点在于面对面，即直接见面。就像仅仅通过邮件往来而不见面，恋爱是无法谈成的一样。在从事网络交易的经营者中，很多人忘记了这个原则，希望大家引起注意。

C 公司是一家从事制作网站和广告的企业，社长是一位年轻女性。据说创业之初，办公场所就在她自己家里，几台电脑外加几个打工仔，业务只有网站上的广告这一项。尽管如此，由于他们的网页设计新颖而受到好评，很快年销售额就达到了 5000 万日元，工作变得异常繁忙。

然而，那位社长却不喜欢出门，用现在的话说是个“宅女”，最讨厌见人。收发订单都通过邮件完成，制作也通过网络招募承包人，完成的作品也在网上审查采用。据说现在仅她下面的承包方就多达两千人。但是随着订单增多，客户的订单收发管理和承包管理方面的事务越发繁重起来，弄到最后连正经睡觉的时间都没有。后来她找到了我，咨询该怎么办。

据这位女社长介绍，有人气的网站必须不断变化，给人以季节变换的感觉。所以现在制作网站的客户总是频繁来信商量商品或吸引眼球的广告文稿的变更问题，为了缩小细微的差异，也要花费大量时间，已经超出了个人所能承受的极限。

在这里，有关与该社长在细节问题上的交流内容就不再赘言。我给她的建议是：把占全部客户订单八成的五、六万日元的订单交给助手处理，50 万日元以上的大客户，亲自上门去做。可以雇一名销售候补一同前往，重点应对。在销售候补掌握和大客户打交道的方法之后，再把这些工作移交给她们；自己只负责接待新的大客户，这样时间方面就富余了。

但是，因为那位女社长不愿出门和人打交道，所以她创立了刚才所说的那种业务模式。我告诫她若不愿去见客户，问题就无法解决，一年后她雇了两个女性员工，与她们一起去跑客户。

在和客户面对面的时候，她的感性和技术总能得到对方的高度评价，邮件无法准确表达的微妙差异也能很快让对方理解。在和客户交谈的过程中，她还发现了以前从未想到过的商品开发的新角度。另外，她渐渐地发现与人交谈原来是如此有趣，几个月后就像完全变了个人一样。

结果，女社长可自由支配的时间增多了，大客户也稳定了下来。由于老客户的介绍，拥有的客户数也更多了。年销售额超过了1亿，经常利润达到了1200万日元。因此，即使是网络世界，人与人面对面的接触仍然是基本要求。

虽然只是个人的直觉，但我认为“如何传递人的情感”将成为今后邮购所面临的一个重要课题。因为无论卖方还是买方，终究都是人。

3. 供应商战力测定和强化要点

诚信合作能持久吗

这里所说的供应商，指的是提供业务所必需的原料、素材、零部件或者成品以及企业服务的公司。对于工厂来说，原材料工厂或商社、零部件工厂和承包加工工厂等都是它的供应商；对于零售商来说，成品商社或批发商是其主要供货来源。要想顺利开展业务，和这些供货单位的良好合作自是必不可少。

所以，社长必须经常对本公司的供应商进行战力测定，持续强化供货功能，以确保自己的产品能够赚取利润。为此，就要求供应商做到：

①价格稍微便宜一点；

②品质和技术更好一点；

③克服困难、确保交期；

当然，强化战力要在了解彼此力量对比的基础之上展开。

这时，与以前那种“请卖给我”的立场不同，变成了“我来付钱买”的立场，强化的要点自然也发生改变。

所以，社长必须重视的一个问题是：自己和供应商能否长期保持诚信商务合作关系并真心交往。

曾经听人讲过这样一个故事：一家业务遍布日本全国的大超市社长为了大量采购稍微便宜一点的鳗鱼，指导台湾当地从业者开展养殖，说好收获之后统一买进。后来发现中国大陆有更便宜的鳗鱼出售时，他便立刻态度突变，决定全面改从中国大陆进货。结果，台湾从业者因为没有收回设备投资而对他深怀怨恨。对这位社长来说，为了采购更便宜的商品以博得日本消费者的欢心，这么做也许是不得已而为之吧。

因为拥有工厂和零售商两方面的工作经验，所以我对此事有发言权。一般来说，零售商老板比工厂老板对变更供货商更决绝和寡情，这是因为他们经历了太多一般消费者的变心行为。好卖的商品在不断变化，哪怕只是便宜一日元，消费者也会立刻放弃贵的，奔便宜的而去。

换言之，如果始终从那些无法供应畅销货的供应商处进货，零售商最后就无法生存，正是这个原因导致了零售商比工厂更容易变更供应商。

但是，零售商若反复更换供应商，必然在业界留下冷酷薄情的恶名，供应商也会产生什么时候和这厮断绝关系也罢的想法，而采取只谈金钱的冷淡应对态度。若是那样，由卖方策划、制作方全面配合提供技术信息、由采购方和供应方共同推出的能带来巨大利润的新商品开发计划将无法进行下去。所以，要想让供应商拥有强大的供货能力，希望大家能围绕“以正直诚实之心和他们建立长期合作关系”这个核心开展工作。

持久的诚信合作取决于社长的人品

在这个章节，我想谈谈对供应商进行战力测定需要注意的问题。

对现有供应商进行战力测定的方法如下。

先将排名前二十位最重要的供应商列表，然后分别对各家供应商进行现场查证。查证时，不仅要检查总部，还要去工厂和仓库查看——它们有能力掌控最新技术吗？有能力在很短交期内生产出产品吗？结合本公司对供应商的要求进行评价。

这种查证最好能由社长亲自来做，但主要部分由社长做，其他工作交由部下完成也是可以的。

在对供应商进行战力测定时，最重要的评价要素是看对方社长的人品。是那种轻视员工而只看重金钱的庸俗之辈还是重视员工且对发展事业心存梦想的诚实类型，据此决定是否与他保持长期合作关系。这个判断应该由社长亲自做出。

因为涉及双方的利害关系，所以不能感情用事地保持一团和气。另外，一方总是受损，一方持续收益的关系也难维持长久。只有让双方都收益多损失少，才能建立起牢固的信赖关系。所以要判断对方社长是否具备这样的人品，能让双方长期保持共同收益的合作关系。

对人的观察，我采取以下两种方法。

第一种是请对方喝酒。市村先生曾经常说“酒后察人”的话，在第二章已经介绍过了。人在喝酒之后就会真实地暴露出他的人品。有的人喝酒很安静、很快活；有的人喝了酒就不守规矩，玉山倾倒；还有的人喝了酒会变得阴郁或者暴怒，可谓不一而足。通过观察一个人酒后的表现，来判断能否和他长期交往下去。

第二种是打高尔夫球。请对方打高尔夫球，观察对方的举止态度进行判断。无论哪种方法，都要掏钱请客。

在弄清社长的人品之后，就可以对现有供应商的战力进行评价打分了，A 级为 5 分、B 级为 3 分、C 级为 1 分，这个工作可以由社长根据自己的主观判断来完成。

评价打分不必精确，大致区分即可。比如社长的人品无可挑剔，公司的技术能力和交期管理也没有问题，可评为 A 级；某些方面有欠缺的可评为 B 级；但若社长人品有问题，则只能评为 C 级。以此为标准，每三个月评价一次，对供应商战力的变化情况要做到心中有数。

经营形势的两个极端暴露出战力弱点

社长的人品影响经营活动的方方面面。最显著的影响表现在公司经营形势最好和最差的时候。

在市场景气高峰时节，畅销商品变得紧俏。这时，那些看重相互间信赖关系的供应商会毫不含糊地供货。而那些更看重利润的供应商则不然。即使你提高价格要求供货，他也会以货已发给老客户、现在手头没货为由加以拒绝，而向出价更高一点的买方供货。这种背信弃义的行为也是有的。

之所以会这样，正因为社长的人品出了问题。这种行为在市场供需恢复平衡、商品过剩的情况下一定会暴露出来而失去别人的信任。尽管如此，这种人性修为不足的人还是会财迷心窍。平时可能感觉不到，一旦到关键时候，素质如此恶劣的供应商会带来很大的负面影响。

人品有问题的供应商，在市场景气不佳的时候还会干其他的坑蒙勾当。比如，为了降低成本，他会以次充好或者任意降低原材料标准，不做全品检验，以致无法让人放心接受货物等。

从近几年出现的伪造食品产地和销售污染大米等事件来看，虽然我只能从媒体曝光的那些社长的言行举止进行判断，不难发现，问题的根源在于他们的人品。正因如此，在考虑强化自己供应商战力的时候，弄清对方社长的人品至为重要。

同时，买方也不要以傲慢的态度对待卖方，关照对方是建立相互信赖关系的必要条件。双方社长的人品都是非常重要的。

营销需要三分理七分情

相互信赖的关系可以促使双方社长人品的提高。这其中的奥妙，可以用市村先生说过的“营销需要三分理七分情”这句话来诠释。

在经济形势不好的情况下，有些供应商可能会因资金周转紧张而求助于你，这时不要回避。在听完对方的想法和要求之后，通过冷静调查相关情况进行证实，尽可能提供帮助。

我在担任三爱社长的时候，有一家曾在缩短交货期方面为我们提供过很大帮助的缝纫加工厂，因为过度投资导致资金紧张，于是我们在给他的当月货款中追加了很大一笔款项，通过利润援助的方式帮他度过了眼前的难关。那家工厂最终摆脱了危机，现在成了三爱最可信赖的承包企业之一。

服装加工过程中，有些工序无法实现机械化生产，需要手工完成。换言之，员工的干劲对这个行业影响很大。当时三爱的承包工厂中仅国内就有 1500 人为我们工作，我想如果没有和他们之间建立的信赖关系在发挥绝妙的“黏合”作用，实现缩短交期的目标是不可想象的。

但对于采购方来说，当然是越便宜越好，所以服装加工厂总是压低最高工资。在一些承包工厂中，有些企业的社长并不懂得经营，虽然我们支付给工厂是同样的工钱，但不同工厂给工人的工资却相差很大，有的甚至非常低廉。

前面提到的那家工厂就曾发生过这样的事。

为了帮助他们资金周转，我们准备在结算货款之外追加一笔钱作为利润补助。在调查该工厂员工的工资水平时意外发现，他们的工资比其他承包工厂要低得多，奖金也只是勉强发一个月的工资而已。

于是，我亲自到那家工厂把全体员工召集起来，向他们道歉。我说：“真对不起大家，你们的日子过得这么苦，我居然没有发现。刚才听你们的社长说，今年的年终奖也没戏了。这里的工资水平是不是很低？你们是这样认为吗？”

“的确很低。”员工们齐声回答。

“是啊，的确很低。我正在和你们社长商量给大伙加工资的事。虽然不能马上实施，但肯定会很快执行，而且明年夏季奖金将平均按两个月的工资发，三爱母公司会好生照顾你们。你们的社长工作也很努力。今后，咱们的日子一定会好起来的。大家要努力啊！”

我的话音刚落，台下掌声雷动，员工们欢呼着响应我的决定。

另外，我了解到：这家工厂上班的女性员工中以农家妇女居多，由于周围都是农村，很少开展娱乐活动。当我得知他们最大的快乐就是每月相约去一两次酒馆唱唱卡拉 OK 之后，当即决定当晚就举行卡拉 OK 大会，并且和她们一起尽情歌唱。像这样，有了和承包工厂员工在现场进行的交流，今后遇到紧急情况时，他们必然会鼎力相助，即使是很难完成的任务也能帮你完成。

在前面章节中，我介绍了三爱在业界率先进入 SPA（制造业零售）的情况，其成功的决定性因素是小批量多品种短交期的生产。因此，有时为了补充畅销商品，需要周日加班。这时不需要我出面直接跟工厂说，只要生产部长一个电话过去——“社长说了，要你们想办法解决问题，拜托了！”他们都会爽快地接受任务。畅销商品如赶上了畅销季，三爱当然获利多多，三爱有了利润便会惠及承包工厂，这样就形成了良性循环。

保持相互信赖的方法

因为我们是买方立场，即使和卖方建立了相互信赖关系，我们的采购员和对方的关系过于密切也是个问题。

供应商为了获利，总会给采购员一些小恩小惠，为了杜绝哪怕是很小的违规行为发生，保持公司规章制度的权威性，必须做到以下两点：

①采购负责人每三年更换一次。

②一旦发生违规行为，将采取断然措施进行处理。

这两点是很重要的。社长自不必言，就连下面的干部也会和客户之间有年中和年末的互赠礼品活动。对于这些活动的处理方式，因公司而异。有些公司和政府部门一样，把对方送来的礼品原封不动送回。

因为我觉得把别人送来的礼品原封不动送回过于生硬，所以，一般是购买相应的礼品回赠对方。为了避免再发生类似事情，我会给对方写信，告诉他："今后不要再费心了，即使您送礼给我，我也会不避失礼之嫌退还回去，请勿再送。"如果这样还是有人送，我会回赠。但同时附上短信："请允许我再次谢绝"。到了第三年，如还有人不听劝告继续给我送礼，我就原封不动送回了。也许有人认为我在这个问题上做得过于细致，其实我这样做是希望和对方在诚信的基础上长期交往。

保持相互信赖的另一个方法是产品质量检验制度。

众所周知，产品质量检验可分为全数检验和抽样检验两种。最理想的检查方法是供货方检验一遍，接收方再检查一遍，双方都检验。因为完成品虽然看上去质量不错，但毕竟是人做出来的东西，难免会有不良品发生。

如果双方都进行全数检验，虽然能保证商品品质万无一失，但检验成本也会上升。从总成本的构成来看，不仅包括商品单价成本，还包括物流费用、库存费用和检验费用。

鉴于这种状况，“层级思想”应运而生。即根据检验的细致程度，将供应商分为以下四种：

①不需要我方进行产品质量检验的供应商；

②需要我方进行 1% 产品质量抽查的供应商；

③需要我方进行 0. 1% 产品质量抽查的供应商；

④需要我方进行全数检验的供应商。

当然，对于首次打交道的供应商，无论它多么有名气，都一定要进行全数检验，这是原则。这样做会给对方施加压力。

若是从国外，特别是从发展中国家进货，一般需要注意的是要将卖方的全数检验和买方的抽样检查相结合。近年来，从海外生产基地采购的情况增多，虽然向供货商提供了技术指导，但仍然存在一定的不良率。因为一些中小企业掌控问题的能力不足，为了控制风险，在采购方和供应商之间引进第三家商社，也有利于商品采购的顺利推进。

一般来说，因为社长不了解产品质量检验的细节性问题，所以具体事务都交由可靠的负责人去完成。但有关检验的要点还必须由社长掌握，首先要注意“超品质”现象。

为获得稳定的商品质量而制定检验方法，固然无可厚非，但若过分强调品质，导致品质远远超过了既定的标准，出现不必要的“超品质”现象，就会让采购成本上升。相反，如果过分强调价格便宜，则会导致品质下降。作为社长必须懂得二者兼顾，并把掌握分寸的职责赋予部门主管。

其次需要注意的是，要有“缺点是个宝”的思想意识。

因为是人在制造产品，犯错在所难免。当错误发生之后，社长不要一味地追究责任，而应该以错误为线索，强化产品质量检验的制度。一些检查部门的责任人总喜欢像检察官一样，用挑剔的眼光审视对方。但我想要告诫大家的是：要构建和供应商之间的信赖关系，就应该兼具把缺点看成宝贝的观点。

4. 为完成销售任务的“灵魂注入”

最重要的两个要素

日本有一俗语叫“画龙而不点睛”（如果没有给建造的佛像注入灵魂的话，那么这尊佛像和石头别无二致。——译者注）。在前几个章节中，我重点谈了强化公司营销战力、销售网络和采购战力的问题，但若我们仅仅完善了这些组织机制，而运行这些机制的人却没有干劲，那么一切都是毫无意义的空谈。我把这种赋予组织以斗志的行为称为“灵魂注入”。

一个社长要想让自己的公司充满活力，就必须给其“注入灵魂”。为此，社长必须掌握以下两个要点：

①强烈的使命感、大谈梦想；

②有人情味。

对于社长来说，这两个要素无论缺少哪一个，都无法给自己的公司“注入灵魂”，员工都不会如你所愿地投入工作。你必须知道自己公司的营销状态——营销团队并非会永远像能征惯战的强大军团那样发挥作用。

大谈梦想

干事业是为了什么，赚钱又是为了什么——社长必须向全体干部员工热情洋溢地阐述自己的观点。

如有可能，比较好的做法是将自己的梦想作为公司的经营理念加以确立。当然如果像下面这位社长一样，使用朴素的语言将社长的经营思想严肃地告知员工，也是个很不错的选择。

“尽管我们的公司规模不大，但我也希望把它建成世所公认的优秀企业，同时提高跟我一起奋斗的全体员工的生活水平。”

综观全国的各类企业，像这样对员工大谈理想的经营者其实有很多。如果平时也能这样和员工们进行交流，就能让员工和社长的思想逐渐靠近，从而激发员工真正产生一刻也不能放松的冲天干劲。

但是，类似“想把公司建成年销售额达到100亿日元的企业”这样的梦想，因为过于具体，即使和一部分干部能够取得共鸣，基层的员工也很难理解。所以，我希望经营者还是应该尽量和员工们谈谈事业经营的目的和目标以及员工们未来的发展前途。

时装业的一流企业——FIVE FOXes公司的上田稔夫社长是一位杰出的企业家，他创立的FIVE FOXes公司年销售额高达1500亿日元。最近，他跟自己的员工说：“追求规模只会让公司不断膨胀，实际操作起来一定很有难度。今后，我们要做的最重要的事是：把公司打造成平稳健康发展的放心企业，要让大家生活优裕，快乐工作。将来即使利润有所下降，也不会搞以牺牲员工利益为前提的重建活动。”这是在因经济不景气很多公司陆续出台重建计划的情况下，上田社长发表的声明，我在旁边听了也深受感动。

由此，我想起了发生在理光的一个故事。那是正值大亏损的危急时期，后来成为理光第三任社长的大植武士先生（时任常务董事）说服市村先生发表了一个题为“我们的光辉未来”的声明。

声明中谈到，计划在三年时间内实现员工工资翻番。为此就要凝聚大家的智慧，重视公司所有问题的解决。同时还发表了一个三年经营计划。这样一来，原本情绪低沉的员工们顿时来了精神，干劲被激发了出来，仿佛之前的经济危机不存在似的，公司的销售额和利润都出现了上涨，三年的计划目标超额完成，工资水平也实现了三年翻番的目标。也就是从那时起，理光开始了飞跃发展。

在大植先生提议用三年时间实现工资翻番的时候，市村先生还表示反对，认为很难做到。

但大植先生坚持说：“社长您平时不是经常说，能力差异导致的工作效果之差只有 5 倍，而干劲差异带来的工作效果之差却会高达 100 倍吗？只要能调动员工们的积极性，就没有问题，一定能做到。”“而且，和其他公司相比，我们的工资水平也确实很低，即使实现翻番，和工资最高的公司相比也只是高出了一点而已。”市村先生最终接受了他的提议，成功地为理光注入了灵魂。

我认为要想让员工持续保持充足的干劲，确立体现社长理想的工资制度至关重要。一般来说，地方上的中小企业工资水平比大企业要低。有的社长对自己的员工说：“现在工资低，先坚持坚持，等有了利润就大幅加薪。”但结果是：即使有了利润，员工的工资也没有增长。所以，这样的社长即使把梦想说得天花乱坠，给员工们留下的也只是爱说漂亮话的印象，无法起到鼓舞士气的作用。

但是，并非所有的中小企业都是如此。在我访问过的公司中，有很多企业不盲目追求扩大规模，专心做好实际业务，支付给员工的工资也比地方一般水平高，那里的员工情绪高涨，干劲十足。大部分中小企业的员工在进公司的时候是认可工资不高这一现实的，但是当他们确信将来公司效益好了，也许能拿到高出一般水平的工资待遇时，他们就能在工作中超水平发挥自己的聪明才智。

通过开展活动，促进短期动机的形成

社长向员工描绘公司的光辉未来和员工个人的美好发展前景，其目的是让员工形成长期动机。但企业活动在不断变化，员工们也在不断变化，经营者需要每天应对这些变化。变化中既有好的事情，也有让人消沉的、不好的事情。而且当经济环境不好、商品滞销的时候，还能拿出干劲应对工作的人就会减少。

所以，经营者必须考虑要让员工树立短期的快乐目标。总之，要考虑在一定期限内开展竞赛或其他娱乐活动以提升士气，因为是众人在一起狂欢，我把它称之为“节日”。这些活动中必须有一个快乐的目标。

现在，我认为任何公司都应该开展销售竞赛活动。很多公司把诸如销售额的高低、发展新客户的多少以及货款回笼的快慢等重点项目作为表彰对象，根据统计实绩每半年或一年进行一次表彰。

我给几家相关企业的建议是：让他们开展与上述公司做法不同的短期竞赛或娱乐活动，我称之为“节日”。

活动时间最多限定三个月，确定类似“彩虹作战”那样的活动主题，在工作场所张贴海报或标语。因为是“节日”，所以气氛要搞得热闹一些。当然，在一些接待客户的场所是不能张贴海报或标语的。另外，每两周通过电子邮件向全体员工公布比赛经过，同时张贴公示。

比赛的奖金不高，最多不超过五万至十万日元。毕竟，每个人对公司的贡献大小必须通过奖励、加薪或升职来真正体现。

对于有海外供应商或合作单位的公司，将海外研修作为对优胜者的奖励也是不错的选择。因为中小企业的员工，除了直接负责人之外，一般很难有国外出差的机会。

另外，活动不仅限于销售人员，公司内其他部门的工作人员中也要开展，这一点是秘诀。比如，可以以公司的总务、财务等部门的办公室女性员工为对象，开展“向销售部门介绍客户”的活动，对介绍的客户人数和成单数排在前几名的员工进行表彰。有家公司曾向所有参与介绍客户的员工开出奖励条件：每介绍一个客户奖励一千日元，成单一个奖励一万，另外排名进入前三的还有三到二十万不等的奖金。

有一家餐饮连锁店在活动期间向客人发放问卷调查用纸，请客人把服务态度好的服务员的姓名写在纸上，可通过查看服务员佩戴的工牌了解其姓名。无论是临时工还是正式工，谁获得客户的肯定次数多谁就将获得奖励。为了提高客户配合调查问卷的积极性，他们还针对填写调查问卷的客户设立了抽奖活动，奖品有饼干和餐券等。

竞赛结束后，公司租下附近的酒店，大家一边吃一边在欢快的气氛中举行表彰仪式。这时候重要的是社长不能腼腆羞涩，一定要站到最前面，表现出满心欢喜的样子。

还有一个问题，就是当竞赛活动刚一结束的时候，销售额会出现暂时停滞现象，只要不影响全年的营销业绩，应允许这个问题出现。需要注意的是，要避免每次活动趋于雷同，因为同样的活动搞一两次可能气氛还不错，但长此以往的话，就会落入俗套。

另外，把提升员工士气完全寄托在搞活动上也是不可取的。因为活动刺激起来的积极性终究只能维持一时。要把这种积极性长期保持下去，还得同时使用下面的手段，那就是“有人情味”。

有人情味

社长是公司内拥有最高权力的人。因此对于员工来说，直属课长或部长说的话和社长说的话的分量自然完全不一样。因此，社长无意中的一句话或者一个眼神，都可以让员工变得彻底消沉或者凛然振作。

本书第三章，我已经就社长的“态度能力”进行了说明。为了让员工鼓起干劲，希望经营者时刻意识到要让自己温和的态度能力去发挥作用，通俗易懂地说就是要对员工有人情味。

前面谈及，营销要三分理七分情。的确，社长要统帅一个由人组成的团队去完成既定任务，非得成为一个有人情味的达人不行。

我认为，成为“有人情味”的达人要具备以下三个要点：

①莫把员工当成工具使用；

②了解员工的微妙心理；

③经常关注员工。

关于这三个要点，我将在下面的章节里概括说明。

莫把员工当工具使用

我们应该把员工看成是实现自己梦想的合作者。这样，在用人的时候就不会出现把人不当人看或过河拆桥的错误做法。

但是，公司既不是游乐场也不是学校，大家只是你好我好地保持一团和气也是不行的。作为追求利益的集团，必须有一定的秩序和规章制度来约束和保障，若有人犯了重大错误，就要进行严厉的批评。批评部下时，把员工当工具使用的社长和把员工视为合作者的社长，他们的处理方式会有很大差异。

就以我为例，在态度能力还很欠缺的理光时代，我批评部下从来是毫不留情。我会当着众人的面大声责骂部下："瞧你干的蠢事，别一天到晚板着个脸了。"并且我还用眼神告诉对方——"对我来说很简单的问题，为什么到你那儿就那么难，还是你无能啊!"虽然事后我意识到自己太过分，打算找个机会和部下一起吃饭帮他提高。但有些部下对我的反感依然强烈，阳奉阴违者也大有人在。

就像第三章里详细讲述的那样，我曾遭到公司的严厉惩罚，被突然勒令回家反省。这当然是因为上级领导发现了我的重大缺点而采取的措施。尽管自认为是满腔热情地对待部下，但部下却认为你冷若冰霜、不把他当人看，当然就无法沟通了。

在意识到这一点之后，我还发生过一件类似的事情。

有一位课长能力很强，但就是在做事情的最后阶段容易犯浑，常常把事情搞砸。为了纠正他这种轻率浮躁的性格，我曾多次找他谈话，一谈就是两个小时。第三次谈话的时候，他眼里含着泪水问我："我就那么招你讨厌吗？"那天晚上，我写了一封长信，用了十张便笺，大意是说我可能言重了，但绝不是要欺负你，希望你能理解我的良苦用心之类的话，然后把这封信交给了那位课长。我这么做并非是为人处世的一种技巧，而是真正希望对方理解我的心情。但后来我基本上忘了给他写这样信的事。

但就在前几天，那位课长打来电话，说要和我见面。一番寒暄之后，已经好长时间没见过面的他说："那时您把我骂得一钱不值，但收到您的信之后，我就有了干劲。如果没有那封信就没有我的今天。现在我还保存着那封信。"这位课长后来的仕途很顺，一直干到理光集团骨干企业的副社长才退休，这次特来看望我。听了他的话，我突然有了一种从未有过的异样感觉，觉得自己获得了经营咨询的新动力，同时深切感受到"富有人情味绝不仅仅是为了他人，同时也为了自己"。

另外我想说的是在经营现场需要"挥泪斩马谡"。

"挥泪斩马谡"说的是中国三国时代的一个故事。诸葛亮的爱将马谡因违反军令导致大败，尽管诸葛亮非常喜爱他，但结果还是被砍了头。同样，一个社长无论多么富有人情味和为人亲和，在部下发生重大错误的时候，也必须采取断然措施进行处分。

但是，在处分部下的时候有一点至关重要，那就是要给失败者重新站起来的机会。社长处分部下的时候，其他的员工必然都看在眼里，而且他们还会联想到今后的自己。这时不同的处分方式会带来两种截然不同的反应：一种是，犯了一点错，接受处分是没有办法的，但这公司也太苛刻了；另一种是，这家公司虽然严格，但仍然提供重新站起来的机会，还是有情有义的。

在这里我想说一下自己的亲身经历。从理光时代开始直到今天，三十年来我始终使用的是配有司机的汽车。在理光·三爱集团任职时，费用由公司承担，现在由我个人负担。自始至终，司机是同一个人。他现在已然成了我经营活动的合作者，因为我们长期合作，已经有了同志般的感情。

有时我会在车里和他人谈一些复杂的专业性问题。事后，司机跟我说："虽然我天天跟着您，但你们谈的内容我一点也不懂。"我回答说："复杂的问题不用考虑，只管保重身体要紧。"他回复道："哪里哪里，社长才……（应该保重身体）。"可见，我和他已经到了心有灵犀一点通的地步。每个月我总要带他一起到高档酒店打几次牙祭，我们一边闲聊一边吃，感觉有滋有味。

一些中小企业的所有者有一心只想自己获利而不太考虑部下的倾向。我希望他们能一视同仁地对待自己的员工，把他们视为事业的合作者和实现梦想的同志。

了解员工的微妙心理

我希望社长能懂得部下在世路人情上的微妙之处。

你的部下无论表现得多么骁勇善战，也终究是上班一族，而不是经营者。所以他们有自己独特的好奇和世路人情的微妙之处，其中最主要的是希望自己的工作获得外界的认可。也就是希望自己所做的事能得到社长的肯定，想不断受到表扬。虽然有些能力强的员工，挨骂了反而能够发奋图强，但大部分人都是受到表扬才能鼓起干劲努力工作的。

但是，通过表扬、激发员工的干劲并非易事。

很多社长担心表扬部下可能会导致他们得意忘形，而批评他们又会闹情绪；或者不自觉地和自己相比，哀叹部下无能，常常发出“换了我，绝不会像你那样慢腾腾地做”“看样子，你一点都不懂”等怨言，勉强认可部下的行为。

例如，有部下交报告上来，这时不能只说“啊，知道了。”而应该说：“啊，你以前怎样怎样，现在进步很快嘛!”

这样做并不是给部下戴高帽，而是要向对方传达“你的工作状况，我一直很关心”的信息。

部下总在不停地偷看社长的脸色，甚至对社长和自己同事打招呼的方式、眼神都很关注。社长不能让员工产生这样的想法：尽管以同样的积极性干同样的工作，社长却不跟我打招呼，是不关心我的工作吧。

不断和员工保持亲近的关系

工作中老出错的员工一般很容易发现，而大部分员工不会老出错，但也没有突出的成绩。如能盯住每个人，随时了解他们的工作状况固然好，但社长没有那么多时间。

所以，我希望社长们要有“不断和员工保持联系”的观念。比如可以经常问问员工“你曾说爱人状况不好，怎么样了?”或者“你儿子顺利考上高中了?”通过这种方式让员工们感觉到社长对自己挺关心。

以前，市村先生得知公司干部的爱人生病住院时，无论多忙都坚持亲自去医院探望，这种做法一直持续到理光发展到一千五百人的规模。这不是一种领导技巧，而是对为自己事业合作伙伴提供家庭支持的人表示的一种担心。这种心意在探望的时候会传达给部下的爱人进而传达给本人。所以，理光的干部们都愿意听命于市村先生。

市村先生批评起部下来也是非同寻常，有时甚至脸红脖子粗地摔文件或烟灰缸。我也是挨过他骂的人之一，尽管被骂得狗血喷头，却从不恨他，坚持跟他走。其他人大概也和我一样。

即使是一千五百人的规模，愿意和员工保持亲近关系的社长还是会坚持做；即使只有一百人的规模，不乐意为之的人也不愿意做，这二者的差距太大了。但是在第二任、第三任社长当中，有人却讨厌这种对部下关怀的做法，认为太过于重视人情面子。

有一位服务业的第二任社长就是持这样一种冷漠看法的人，在这里我不便说出他的姓名。他是一个彻底的成果主义者，因为人工费是固定的，所以非常重视投入产出比。为了提高经营效率，他大量雇用临时工，公司的五成员工可随时进行雇用调整。这么做的结果，的确一度提高了公司的收益率，但后来由于遭遇经济不景气，导致公司陷入一种恶性循环——裁掉临时工之后，销售额立刻开始下降，因为销售额下降，于是再次进行雇用调整。结果营销业绩更是一落千丈，供需的不均衡呈现加速化趋势。

造成这种状况的最主要原因是留不住员工，多数是做一两年就辞职不干了，几乎每三年全体员工就要换一茬。所以，在遇到特殊时期，这位第二任社长的身边根本找不到能够理解自己思想、站在整个公司的立场上挺身而出为之奋斗的干部。

我在为这家公司提供咨询之初，曾提醒这位社长：“你这么干，公司经营将永远无法稳定下来。日本的营销讲究的是三分理七分情啊！”但这位社长的固执己见、一成不变，结果导致越行越远了。

如果你的公司是一百人的规模，请切记：“要以情动人，不断和员工保持亲近的关系。”

即使是三百到四百人的公司，这种关系的保持也非常重要。有的公司就专门在高档酒楼设宴款待本公司课长以上干部的家属，社长在宴会上向家属们简要通报自己公司的经营方针和现状，并介绍干部们是如何为公司努力工作的，要求家属支持他们的工作。当社长的这份心意传递到干部们那里，大家的心里自然是热乎乎的。

还有的公司，对于那些单身去外地赴任的员工家属，在年中年末开展上门慰问活动，以社长名义赠送实用的礼物并报告公司发展的现状。也有公司每月通过电子邮件把社长的想法诚心实意地传递给全体员工。

通过这些方法，我们就能解决大企业用钱都解决不了的和员工保持亲近的问题。我希望诸位经营者要把“全体员工都是我的合作者”的思想，具体并持续地向员工们表达出来。

5. 【实例】一位负责接待的女办事员帮助社长实现了愿望

建立强大团队的出发点

本章的标题是“组建营销精英团队”，在此我想强调的是我们必须为这支营销团队注入“灵魂”，即要让和该团队有关的人都鼓足干劲。所谓“和该团队有关的人”不仅仅指营销干部和销售员，还包括公司的事务人员和员工家属。

所以，在本章的最后，我想介绍几个和位于银座四条街的三爱大楼有关的小故事。这个故事在内容曾在市村先生 1958 年写的《攫取利润经营法、有利可图经营法》一书的开头部分出现，在这里请允许我直接引用里面的文字，以下是市村先生的文章内容。

又一轮空袭，东京一带已经成了一片焦土。在日本宣布战败的时候，我一直很苦恼——今后该怎么办呢？

有一天，我一边看东京地图一边思忖：为什么战前银座这个地方会这么繁荣呢？那里有隅田川河流、铁道的铁轨和东京湾，而处在核心位置的是银座四条街。

看着地图，我渐渐有了头绪。我认为无论人们怎样议论，也不管时代如何变迁，银座还会是东京的中心。尽管当时各种流言满天飞，有说皇宫要迁往京都的，也有说因为大地震，郊区崛起成了繁华街道，所以东京的中心街区也势必发生变化，但我坚定不移地相信自己的判断。而银座的中心区正是我现在经营三爱公司所在的四条街。

但在当时，银座只是一片废墟，我不知道土地所有者是谁，也找不到土地使用权人。几经周折才终于弄清楚，现在三爱所在的那块地皮的所有人是安田银行和有名的佐野屋布袜店。安田银行这里姑且不提，我要说的是那位握有实权已故佐野屋的遗孀——一位老夫人的故事。

我开始不停地往她家跑，央求她答应出售土地，但老太太总是把头摇得像拨浪鼓一样，“不行不行，无论你怎么说，祖宗留下来的土地我是不可能卖的！”尽管如此，我也没有放弃，决心和她打持久战。只要有空，每天都去拜访，但始终没有任何进展。

那是在日本战败后的第二年，一个下着罕见大雪的一天。

我一边在心里想着：这样的恶劣天气去拜访，也许她会为我的行为而感动吧！再一次踏上了拜访佐野屋老夫人之路。见面之后，老夫人似乎有了一些可怜我的意思，开口说：“好吧！我再考虑一下，明天之前给你答复。”我一听就觉得有戏。当时我的事务所在浅草桥的一栋没被战火烧毁的楼房里。

女办事员的真情

第二天，快到中午的时候，手下一位女办事员牵着那位老夫人进了我的办公室。

因为那时交通不便，又没有出租车，老夫人是冒着大雪一步一滑地走来的。

"啊，欢迎欢迎！"我连忙起身相迎。

老夫人脸上的表情很愉快，这让我感到意外。因为以前我从未看她笑过，现在却正冲着我微笑。

"市村先生，本来我是打算今天来拒绝你的，但就在刚才的一瞬间，我改变了想法。"老夫人说。

"您说什么？"我越发感到莫名其妙了。

"市村先生，那块地皮我愿意出让！"

"……？"

老夫人在说这些话的时候，前面使用了"本来"这个词。从她叙述的情况来看，在来时的电车里被挤得够呛，下车后又在大雪中摇摇晃晃走了大半天，而且问了好几个人才好容易找到这里。

老夫人告诉我说："是这位女办事员接待的我。她并不知道我是谁，看我因高齿木屐弄脏了，进事务所时有些犹豫的样子，就脱了自己穿的拖鞋放在我面前，让我换上，自己只穿着布袜。还像女儿照顾老娘一样，扶我上楼。”

就在那一瞬间，老夫人被深深地打动了。

战败后，日本国内到处都在争夺抢掠，人人都在为自己着想，同情和关爱似乎再也找不到了，但这里却有这样一位拥有美好心灵的女子。在战败的日本一隅，还有如此心灵美的女子，这让佐野屋的寡居老夫人深受感动。

因社会巨变而饱受创伤、心变得越来越坚硬的她，从我公司一位女办事员的一个小小的爱心行动中感受到了温暖。

“看到贵公司女员工的教养如此之好，我便深信这家公司的社长是可信任的。我想祖先也会为我的决定而感到高兴。市村先生，那块地我转让给你。”老夫人激动地说。

我吃了一惊，赶忙问：“那条件呢？”

“市村先生，我转让土地不附加任何条件，我不是为了钱才转让它的，只会转让给人品好的人。我将满足您的任何要求——无条件转让！”

形势急转，柳暗花明，突然之间购买土地一事就此敲定。

我曾多次听市村先生讲到这个故事，每次都深受感动。

在上面引用的文章里没有提到那位女办事员接待老夫人的经过。据说她当时看到披了一身雪花的老夫人走来时，立刻迎上前去说：“哎呀，这么冷的天，您一定冻得够呛吧！”并迅速拿出毛巾和备用的布袜，用毛巾擦干木屐里并让老妇人换上新布袜，临走的时候还递给老夫人一把伞。

当然，女办事员并不是因为知道这位老夫人是公司所要购买土地的重要客户才这样对她的，她对待每天的来客都是如此。

由于“为客户着想”的思想已经渗透到公司的每个角落，即使一个小小的女接待员也能帮助公司实现愿望。如果社长不是把每个员工当成自己的合作伙伴看待并和他们保持亲近的关系，那么这样的事情就不可能发生。泛泛的礼仪教育，也不能让负责接待的员工用心做到这种程度。能产生这样的效果，则说明我所强调的给团队“注入灵魂”的行动发挥了真正的作用。

第六章　我的“营销十四法则”

本章中，我将就销售、营业活动中我认为重要的，但之前尚没有机会提及的要点问题进行简单概括。

1. 第一法则：严格守时

不和客户会面，销售工作便无以开展。因此，严格遵守时间，遵守和客户约定的时间是最基本的要求。

我和客户见面，总是要求自己提前大约十分钟到达约定地点。即使现在从事经营咨询，这个规矩也从未改变。根据我日常的言行，认识我的人可能感觉似乎在时间方面很散漫，但其实不然，我在这方面一直做得很不错。

过去做销售的时候，我有一次去拜访一家小客户。到了目的地，却找不到大门，这时已经快到和客户约定的会面时间了，因此很是惊慌。从这事以后，要是去不了解详细情况的客户那里时，我一般会提前很长时间出门，先找到对方的大门，然后在门前等。约定时间一到，立刻到接待处自报家门：“你好，我是理光公司的田中。”约会迟到当然是不对的，但过早也会让对方感到不便，所以最好的做法是提前几分钟到目的地。

在等待和对方见面的一段时间里也不能闲着，可在头脑里先推敲一下如何开口和对方谈，或者打开笔记本确认事先搜集到的相关信息。另外还要留心观察进出公司员工们的精神状态，看员工是否有活力，还有大门周围是井然有序还是杂乱无章，据此来观察这家公司的状况。

曾经发生过这样一件事。一次，我去访问一家有些名气且实力较强的公司，正在门前等候的我准备在约定时间进去拜访相关人士的时候，偶然听到这家公司员工之间的一段对话：其中一句是“这个月的工资可能要推迟发放了”。虽然之前我已多次来这里，且商谈已接近成功，但我还是毅然决定中止这次业务。果然不出所料，几个月后，那家公司就宣布破产了，我因为及时刹住了脚步而幸免于难。

和快到约定时间才慌慌张张出门，且没有任何准备相比，提前做好相关准备工作的访问效果从一开始就截然不同。

在严格遵守约定时间、杜绝迟到方面，还需注意下面这个问题。

如果一天当中有多个约见，我的做法是将和重要客户的预约优先安排在早上或者白天进行。因为营销实战中，若前面的商谈时间比预定时间长，有时会占用第二个约见时间。当然，只图自己方便、和客户约定会面时间的做法是不可取的。如果重要客户因故在上午或下午不能作为第一个客户进行约见，则将和不太重要的客户的预约调整到前面来。

永远严守约定，也就是始终严格遵守和客户的最初约定，这可以说是我作为销售员的工作出发点。

严守约定还会帮助你高效处理案头工作。

销售人员回到公司之后还必须处理一些案头工作。因为无论你拿了多少订单，如果相关文书没有做出来，工作就不算完。尽管如此，对于销售员来说，见客户还是第一位的。可是每个人一天都只有二十四个小时，所以只有尽快处理完案头工作，才能挤出更多时间去见客户。

而为了早一点出门不至于和客户见面迟到，就更要高效完成案头工作了。所以，我在做业务的时候，回到公司时无论多么疲惫不堪，都要在当天一气呵成地把案头工作处理完，这已经成了习惯。

而有些业绩不佳的销售员，处理案头工作总是拖拖拉拉，常常要加班来做，把自己搞得很累，有时甚至拖到第二天上午还没有完成。结果经常在办公室里磨蹭半天，迟迟不能出门去见客户。领导问起来，辩解的理由是在做报价单等文书。

2. 第二法则：勤于走访

“即便是劣枪，多打几次总能打着。”营销的本质与此类似。

现在的销售员都通过营销指南或营销术的角色扮演进行了标准化销售技巧训练，武装程度颇深。再加上 IT 技术的运用——在客户现场即可打开笔记本电脑对库存情况进行确认或者就报价问题和公司商量解决，装备水平是过去的销售员无法比拟的。

但是，无论武器的威力多么强大，如果不发射枪弹，敌人也不会倒下。所以如果销售员不去实际走访客户，强大的武器威力也就发挥不出来。

我刚进公司的时候，公司和前辈们没有一个人教我如何做销售，装备也没有，只能摸着石头过河。没有人告诉我到哪里去销售产品，只好挨家挨户地走访那些还没有建立起业务关系的公司。当时就想，既然我的枪不好，那就只好多打，于是给自己定下目标，每天走访五十家公司。至于为什么确定为五十家，并无特别的原因，只因那是当时自己能够访问的极限，并且五十也是个整数的缘故。

于是，我开始了拼命走访。但是一天走访的五十家公司中，能够听我推销产品的单位却只有三到四家，这让我切实感受到营销原来是从被拒绝开始的。从那时起，我每天走访五十家公司，坚持了大约一年半的时间。当时日本的事务所总数是三百万家左右，福冈县有十万家多一点，一年按二百五十天计算，我在一年半的时间里走访了大概两万家事务所。

虽然最终数量仍需要计算，但可以肯定的是：我走访的客户数已经达到福冈县所有事务所的两成，听我推销产品的客户也足有一千家。而且到了第二年，那些我走访过的公司开始不断有人和我联系洽谈业务，尽管那时我已经不能每天走访五十家客户了，但不知不觉我还是成了理光（当时是理研光学公司）的顶级销售员。

对于现在的销售员来说，也同样需要这种“勤于走访”的精神。

本书多次强调，营销是一种追求“非效率的效率”的工作。像现在这样，越是经营环境发生巨大变化的时候，越不能忘记“勤于走访”这种非效率营销方式的重要性。

3. 第三法则：达成二次商谈的“Yes，But”

为了把每天走访五十个客户的工作坚持下来，我经常告诫自己：认为只要走访，客户就会见你，这只是个错觉。要见到更多客户，只有多走访。后来随着具体商谈工作逐渐增多，用于走访新客户的时间越来越少，这时却发现自己已经在不知不觉间掌握了应对这一问题的技巧，那就是通过电话与客户联系，即在走访前进行预约的方法。

现在，在商务工作中使用电话和传真是司空见惯的，但我们做业务的时候还没有大规模使用。不过，如果你在给潜在客户的电话里突然说：“我是某某公司的销售员田中，贵公司需要 RECOPE 这种复印机吗?”那么不会有人购买你的产品。为此，我把自己走访客户时积累的经验活用到打电话上。

“我是推销 RECOPE 复印机的田中，请问贵公司采购负责人是哪一位？”如果对方告诉你负责人的姓名并让他来接听电话，那就太好了。但多数时候对方不会这样回复，而是说“有什么事，你可以先跟我说。”即使这样，我也要想方设法打听出具体负责人的姓名，事后直接给他打电话。在给客户公司打电话时，能否找到对方的负责人并和他通上话，第一句话是关键。

“初次联系，我是理光集团的田中。”这句“初次联系”的话千万不能说，而应该先说出对方负责人的姓名。“您是某某先生吧！我是理光集团的田中。”不同的寒暄方式给对方的印象是完全不一样的。接电话的人会想“田中？哪个田中？是不是以前见过？”这样就可能过来接听电话。通报姓名之后，立即进入主题。在谈到主题的时候，如果你开门见山地说：“想请贵公司购买我们的复印机。”对方一定很反感。即使你追问是不是自己的问题让他为难了，通常情况下对方也会拒绝你。事情到了这个地步就无法挽回了，以前的所有努力都将付诸东流。

因此，比较有效的是“Yes，But”的应对方式。

当对方说明拒绝的理由时——“依我们现有的复印工作量，还不需要添置一台复印机。”你如果试图反驳，对方就会认为你在纠缠而挂断电话。这时，我们应该先顺着对方的意思往下说，姑且同意他的意见——“您说的也许是实情，但我们的设备有这样的特殊功能。”再次把话题引到推销产品上来。

日语中的“是啊，不过”就是这种“Yes，But”的应对方式。运用这种应对方式再结合事先调查的信息，尝试着和对方进行商谈，就能大幅提升二次预约的几率。

4. 第四法则：非效率的效率

前文中已经交代过，在一天五十家客户的走访过程中，业务洽谈机会不断增多。因此现在必须弄清客户的购买意向，也就是所谓的“ABC 分析”。

· A 意向 = 可能在三个月内购买本公司商品的顾客；

· B 意向 = 可能在半年内购买本公司商品的顾客；

· C 意向 = 可能在一年以上时间内购买本公司商品的顾客。

对有 A 意向的顾客提高访问频次，对于有 C 意向顾客则推迟访问。

据我本人的经验，在挨家挨户走访一年之后，A、B 意向的顾客均可达到一百家左右。我根据不同的等级采取不同的走访频次，重点培养有 A 意向客户，同时保证花费一定的时间，通过电话和新客户进行接触。这样一年下来，A 意向客户增加了三倍，变成了三百家。于是，如何高效走访这些极有成交可能的潜在客户就成了成败的关键，客户的 ABC 等级管理的效率也第一次发挥了作用。

但是，这时必须牢记一点的是，正因有了最初的被描述成“非效率”的挨家挨户走访，才会出现并累积有成交可能的客户。

有很多销售员都不愿做挨家挨户走访式的营销，也有人认为挨家挨户走访式营销不注重语言交流，是一种低级的营销活动。理由是：第一，效率低。有时还可能被人误认为是强卖而有损品牌形象，有不少销售员在走访客户时，常常被对方负责接待的女员工嗤之以鼻，弄得灰头土脸地回来。

但是，即使是那些对走访式营销持反对态度的销售员，若能坚持走过这个阶段，就会发现自己原来是在开拓很多潜在客户，随着营销效率的逐渐提高，也就不再会对其有抵触情绪。正所谓“良好的开端是成功的一半”。通过这种营销方式，大家会感觉到销售是一份有价值的工作，业绩自然也会快速上升。

我曾经鼓励年轻的销售员，对他们一再强调：“在可以对客户进行分级并制定年度走访计划之前，你们应该先不停地走访。只有过了‘走访’这关，你们才能成为真正的销售员。”这是我亲身体验得出的结论。

在现今这样世界性经济不景气的环境下，以前的A类客户变成了B类，B类客户变成了C类，C类已经不在意向顾客的范围之内，整个市场都在急剧萎缩。正因如此，挨家挨户走访客户才显得尤为重要。我希望大家都能意识到如今需要重新进行ABC管理来增加公司的A类客户——通过多次“低效”重复最终实现“高效”。

只一味追求高效营销的公司一旦产品滞销，就会露出马脚。

在产品畅销的时期，即使采用老套的客户开拓方式，只要把效率放在第一位，迅速斩断反应迟缓的客户，只向容易卖的顾客大量兜售商品，就可以实现销售业绩的飙升。但那并非真正的营销，因为没有考虑“非效率的效率”，一旦滞销时代来临，就不知如何应对了。

那些拥有市场竞争力的产品或者技术的生产厂家也犯过同样的错误。

因为产品或者技术的魅力使然，不用费劲推销，用户也会找上门来要求购买。即使得寸进尺地以傲慢的态度对待客户——“你们要多少？太少了不卖！”产品依然畅销。这样，他们今后的思考就会是：如何在付出很少努力的情况下获得最大销售收益，追求效率便成了首选。

然而，任何商品都不可能永远热销，不畅销的时，虚弱的营销本质就会暴露出来。可见，一味追求高效的营销并非长久之计，“非效率的效率”才是营销活动的关键所在。效率不高的方法最终能够提升效率，就应该这样打营销的算盘。

5. 第五法则：谦卑退让赢得客户

越是在经济不景气的情况下，客户越容易在具体商谈时提出很多前所未有的苛刻要求：“我们的日子也不好过，再便宜点吧！”“给我打个折吧！”“提前交货吧！”等等。

无论你如何奉行“客户第一”的理念，客户的无理要求只会和不景气一起膨胀，变得越来越多，让你不堪应对。大家都在摸索双方能接受的最低成交价，这需要凭借感觉来完成，只能通过自己实际体验去学习领会。

前文提到的“Yes、But”就是双方能够达成共识的一件利器。因营销业绩突出，被周围人视为“行家里手”的社长对此会深有体会。但是，在那些临时从事高层营销活动的社长中，也不乏“赢了说理、输了生意”之人，希望大家注意。

商场上，并非只有降价和让利的话题。有时也会谈及经济形势、棒球、高尔夫以及钓鱼或政治等。在气氛和谐、天南海北的扯闲篇中，如能从中找到生意的线索，当然再好不过了。但有些人在碰到自己擅长的话题时，喜欢动辄炫耀自己的知识。比如，“哎呀，虽说人们经常那么说，但多是外行人的理论……”结果把对方当成了外行人；或者在对方的话里挑刺，如“你说的是海钓的乐趣，但钓鱼的本质还是应在河里体现”等。

特别是那些表现欲强烈、过于自信的社长，或者是第二任、第三任只会说大话的企业领导人，他们甚至忘记了走访客户的终极目的——毫无顾忌地在那里自说自话，弄得听者很不愉快，结果“赢了说理、输了生意”。这就是社长的“态度能力”出了问题（参见第三章）。

“说了这件事，对方会是什么感受?”——能否充分体察对方的思想，是解决问题的关键。我们不能仅仅按照营销术规定的忌讳语那样去机械理解，而应在平时就培养受人欢迎的行为举止，锤炼自己的感性能力，使其变得高雅一些。

在社长做营销的实战场合，切记不能在客户面前自鸣得意，这是我希望大家严格自律的要点之一。

6. 第六法则：恭维竞争对手

初次向客户兜售商品时，我们经常会发现对方已经在代销我们竞争对手的商品或服务。这时需要注意的是：我们不能贬低竞争对手的商品或服务。

遇到这种情况，我的做法是恭维对方。“是吗，你们进了很不错的货啊！”没人会因被恭维而生气，而且他们进货时也必定货比三家，进行过调查研究，就进货者本人来说，可能还对自己选货的眼力有着某种自信。

这种场合，你若说：“我公司的商品和你们这些货物相比，不仅便宜质量还好。”无异于揶揄对方是有眼无珠，对方会立刻关上和你接洽的大门。人的心理是一种很奇怪的东西，当你赞扬对方时，他就会变得谦逊，人之常情大抵如此。

“B 公司的这款机器打印效果好，还很少卡纸吧！”

“哪里，没您说的那么好！也会出现打印颜色不均匀的现象，还经常卡纸。”

“他们的售后服务一定做得不错。”

“不咋地！纸用完了找他要，当天都不能送过来。”

如果和客户的对话是这样的，那就太好了。了解了客户对什么不满，就能找到宣传自己产品的切入点——“我公司有款新开发的产品，功能如何如何。”这时，对方多半会倾听你的介绍。

通过恭维竞争对手使对方说出不满，但是，仅仅恭维竞争对手的产品或服务并不足以达到宣传自己的目的。这里有一个秘诀——必须恭维竞争对手的产品中容易暴露不足的地方。

因为客户对购进的设备一定会有某种不满，我们就要触到他的这个痛处。泛泛地问：“您对采购的这款机器有什么不满意的地方吗?”和以恭维的口气问：“××设备的新功能很不错吧?”二者相比，哪个更有助于引发对方说出不满呢？答案一目了然。

要做到这一点，就必须了解竞争对手的产品或服务的特征以及售后服务机制等方面的信息。正所谓“知己知彼，百战不殆。”当然，实战中不可能总是这样顺利，但无论碰到什么情况，都不能贬损竞争对手，否则我们的营销攻势将无法展开。

7. 第七法则：莫让对方在一次会面中把所有话说完

在走访过程中，即使是好不容易才和客户搭上话，为了争取下次的接触机会，也要在谈话方式上讲究技巧。

一些讲授营销技巧的书中经常提醒人们注意：那些总是微笑着听你推销产品的客户往往是最难攻克的难关；那些好为人师的人反而能成为一个好客户。因此，对于销售员来说，不是要善于表达，而是要善于倾听，这是营销的一个秘诀。

好为人师的人一般都有些自以为是，只要意气相投，他们就会花钱购买产品。但必须注意的是：即使我们做到了耐心倾听，也不能在一次会面中让对方把所有的话都说完。

在我还是销售新人的时候，有次去访问一家事务所，看到对方负责人的办公桌上有几本有关照相机的杂志。因为理光也做照相机，所以话题自然就从照相机谈起。那位负责人的确对照相机非常熟悉，无论我问什么，他都能如数家珍地说出很多道道来。就在我认真倾听的时候，我发现和另一个走访对象约好的会面时间已到，怎么办？是在这里坚持听完对方说话，还是抽身到另外一个客户那里去，我犹豫起来，最后决定留了下来。但结果，那次营销活动却失败了。

在我决定留下来之后的一个半小时里，那位客户一直在滔滔不绝地说，当他终于把话说完时，再向他推销理光的静电复印机已经不合时宜了，对方也许正在后悔——随性所致地说了这么多，浪费了很多时间。结果，那次走访我们始终是在谈论照相机，当我发现已没机会提出再次会面时，心情变得十分沉重。

可见，销售员当好倾听者固然重要，但在初次和客户会面时，必须把握只能倾听客户三到四成的话，到了适当时候就应及时抽身而去。“这次拜访让我学到了很多东西，非常感谢！但今天已经没有时间了，请务必允许我下次聆听您的教诲！”

这样给对方留下一点念想，非常重要。

如果对方真是个好为人师的人，那么在下次见面时就自然会记得你，于是话题得以继续。如此三四次之后，随着双方关系的加深，你就可以提出推销产品的正题了。

从那次走访客户失败之后，我开始研究针对不同类型客户的“留话方式”，从而提高了和拥有购买实力的潜在客户再次会面的几率。

8. 第八法则：注意对方说的每句话

在拜访客户时，我们谈论的话题很多时候和生意完全没有关系。

有一次，我听我们的一家大客户负责人随口说他在某地买了一套房子，对于这个信息，我没有置之不理，而是追问：“您什么时候搬进去啊？”再装作若无其事地打听到对方的住址和搬迁日期后，搬家那天就去给他帮忙了。现在有专业的搬家公司，什么家具餐具的重新摆放，甚至连垃圾处理的活儿都替你干了，那时可不一样，搬家是一项艰巨的任务。对于客户来说，当然不会拒绝来帮忙的厂家销售员；而对于我来说，只要能把生意做成，干点活儿也实在算不上什么。有的客户为了表示感谢，后来还主动为我介绍其他复印机用户，正可谓

“满意的客户是最好的推销员”。

有些读者朋友也许会想有必要那样做吗？但在“正因那件事，客户才来买我们产品”的事实面前，一切质疑都不攻自破，这便是营销的魅力。

此外，还有过这样一个实例。

理光曾有一个老客户，他们的一位课长有次问我：“贵公司感光纸的纸质不好，用的是哪里的货？”当我告诉他进货渠道之后，他小声嘟哝了一句：“看来，还是北越的纸比较好些。”我注意到那位课长说的这句话，回公司后就去问负责人采购的是否是北越的纸张，负责人说有进北越的货，但用××地方纸张加工的感光纸更畅销。当时我任职的那家支店就没怎么使用过北越那种不太好卖的纸。于是我立刻让店里从北越进了一批货，并拿了用北越纸加工的感光纸去找那位课长。

课长看到我拿来的感光纸，同意测试一下。最后表示这次的纸质不错，还赞扬我很热心。从那以后，我们拿下了为那家公司独家供应感光纸的业务，实现了销售额的倍增。这个故事虽然发生在很久以前，但那位课长无意中的一句牢骚话，我至今记忆犹新。

9. 第九法则：了解说明和说服的区别

要想把产品卖出去，说服客户的洽谈方式至关重要。这里的“说服”和“说明”一词非常相近，但实际上有很大区别，这点必须明了。

为了让对方理解而进行的说明，所有人都一样，而说服是要更进一步去说，直到促使对方采取行动。具体到营销上面，关于商品的说明是让客户了解那是个怎样的一件商品。而说服，则不仅要让客户了解那是个怎样的商品，还要让客户答应研究并最终决定购买。

提到说服力，我们会马上联想到嘴皮子利索不利索的技术性问题，实际上完全不是那么回事。人说明问题的能力可以通过教程训练进行强化，但促使对方按照自己所希望的那样采取行动的说服力，却不是仅仅通过训练就能掌握的。

要想成功说服对方，就必须分析对方并提前准备好相应的资料，还要设想对方可能的提问，以制定应对策略。即便如此，也难保万全，因为提升说服力的最有效方法是热情，是真诚的态度和体贴他人，也就是“态度能力”的问题。

明光商会创始人高木礼二先生，是我当年身处逆境时，依然坚持与我交往的一位朋友。高木先生在理光代理店做销售员的时候就显示出了很高的经营天赋。为以后单干做准备，他请求公司给他按件计酬，因为产品卖得好，拿到了难以想象的高薪。但是，由于他的工资太高，公司决定降低提成比例，于是他一怒之下辞了职。

但如此优秀的高木先生，在后来独立创业时也遇到了资金不足的问题，导致无法支付事务所的房屋保证金和酬谢金。于是他去找房东，希望延缓保证金和酬谢金，甚至要求推迟房租的支付，房东当然不肯答应。不得已，高木先生对房东进行了一番说服，他说："虽然我是白手起家，但我决心创立一家永远屹立不倒的企业……"在他充满激情的说服之下，房东最终被打动了，欣然同意了他的请求。

对于当时的情况，高木先生是这样总结的：最终打动人的还得是充满热情、执著的这种有力量的说服，没有什么能比这更有效的方法。

10. 第十法则：不买也可以使用

在推销一些划时代的新产品、新技术或新服务时，即使我们接受了十分规范的教程培训，有时也无法通过自己的说明让客户明白。因为产品的特点决定了其技术、服务功能及操作方法都是前所未有的。对于顾客来说，仅仅通过口头介绍当然不能很好理解。这时最有效的促销方法就是让客户试用。若是车，就让客户试乘；若是食品，就让客户试吃；若是复印机，当然是要拿到现场去公开演示。

因为是拥有最新功能的设备演示，所以围观者一般都会啧啧称赞。即便如此，对于推销者来说，当场提出让对方购买也是不合时宜的。如果是单价一千两千日元的产品也许还能直接兜售，如果超过了五万、十万日元，一般公司就需要有个书面请示之类的程序，通常不能当场决定，而高达几十万日元的交易就更不用说了，必须申请预算。

所以，我一般在演示结束后就把设备留下，同时告诉对方:“这台机器请替我保管一个月，在此期间您可以随便使用。”当然，事先要调查该公司的信用状况。对于一般公司来说，虽然决定购买一台设备要花很长时间，但要说让他免费试用一个月，通常当场就能答应。在试用一段时间之后，大部分公司都会决定购买。

也就是通过“不买不要紧，请先用着”的做法，反过来促进客户决定购买。

另外，说到“试用”，一般的百货商店或超市的食品柜台都开展“试吃”活动。但有的“试吃”活动，如果没有领导在现场盯着，最后往往会失去促销商品的作用，这点希望大家注意。

前几天，在一家地下百货超市，我曾看到这样一个现象。有个公司正在搞饺子试吃活动。我就发现那饺子特别小，几乎只能塞个牙缝。后来才发现，原来他们是把一个饺子分割成了好多块儿。假如是我，肯定会提供一个完整的饺子供人品尝的。

这样的“试吃”活动，不搞反而更有利于产品销售。出现这种现象的原因就在于社长没在现场监督，把所有工作都交给柜台员工或临时工处理了，结果这些员工像家庭主妇似的动起了精打细算的脑筋，毫无顾忌地干出了这等没有意义的事情。

11. 第十一法则：坚持“face to face”

营销的基础是“face to face”，即面对面的交流，这是永恒的主题。

听说最近的网络购物等新型商务模式，在买方和卖方不见面的情况下，也能实现数万亿日元的年销售额。尽管如此，大部分营销活动还是需要面对面的交流。

一些大商社的销售员在刚进公司时所接受的培训，主要内容也是“去现场”、“直接和客户见面”、“和客户面对面进行推心置腹的交流”和“注意客户的表情变化选择说话方式和内容”等。

无论信息技术如何发达，通过邮件往来进行人与人的交流仍然有其局限性。实际工作中，也许有时打一个电话或发一封邮件就能搞定一桩生意，但那也是之前长期培养的人际关系在起作用的结果。

如果我们打一个电话就能获得一个大客户，那只能说是侥幸。事实上，正因为是 IT 时代，人与人之间的面对面交流才变得更加重要。

和客户见面的最大目的是了解对方最大的困惑是什么，对自己有什么要求，而不是仅限于商品买卖。商务合作的前提条件是要建立心心相通、互相信赖的人际关系，那种看不到对方的表情。彼此感受难以传达的交流方式是无法构建这种关系的。所以，应尽可能和客户直接会面。

但这并不意味着可以和客户不断进行无谓的面谈。和客户面谈时说话要平实，要站在客户的立场上用心发问，心里想着自己能否为对方提供某种帮助，这和说漂亮话完全没有关系，这可以说是营销这种讲究人情味的工作的根本要求。

所以，和客户面谈最重要的不是营销技巧而是“态度能力”。

如果你愁眉苦脸地去见客户，就很难让对方打开心扉，没有一张笑脸便算不上真正的交流。只有和客户实现了顺畅的沟通，对方才会说出自己的困惑，从而帮你找到营销的切入点。

如果还有第二代、第三代社长误以为网络和电子邮件可以替代这种讲究人情味的营销活动，那么我希望他们像本书开头部分所说的那样，立刻回到面对面交流的原点，直接去和客户会面。那样的话，也许大家就能明白，我并没有仅仅重复老年人的车轱辘话。

12. 第十二法则：投诉是最好的机会

如果哪天有客户主动联系——“想和贵公司做买卖，请来一下。”那么，我想不管是谁肯定都会求之不得地飞奔而去。但是，如果客户找上门来投诉，我们会怎样呢？想必大部分人都会犹豫起来，不会迅速去应对，只想躲得远远的。虽然处理投诉对谁来说都不是什么好事，但本书始终在阐明一个观点，那就是“投诉是财富”。市村先生在对待这个问题上，经常说的一句话是“缺点是个宝”。

其实，迅速而恰当地应对客户的投诉，反而能赢得客户的信任。而且通过积极查找投诉问题发生的原因，可以发现自己营销方式上存在的缺陷，并对以后的商品开发产生很大的启示作用。

在遇到客户投诉的时候，我总是第一时间赶去现场，向客户表明诚心诚意解决问题的态度。没有人喜欢出问题，但是，对待问题采取怎样的行动，却能让客户看出我们的诚信度。

因此，我把投诉看成是加强和客户联系的最好机会。

如果我们采取拖延的态度，对问题不及时应对，本来很小的问题，就会渐渐变成难以处理的大问题，甚至可能导致误解，让双方关系蒙受无法挽回的伤害，最终走向决裂。

投诉发生以后，立即进行应对当然是最重要的。这时，首先应该做的是自动自觉地反省自己，而不是愚蠢透顶地寻找借口。即便对方有些不讲理，也不能片面认为对方不好，必须先在自己身上找原因。

所以，我们必须教育员工，在接到客户首次通报不良信息时，必须在电话里进行这样的明确应对——“给贵公司添麻烦了，非常抱歉！我们马上让相关负责人去处理。”绝不能上来就辩解，逃避责任。

另外在现场，负责人首先想到的也是保全自己——这事要是被社长知道，可就麻烦了，于是拼命封锁消息，除了自己最多也只让顶头上司知道，一心想私下处理。因为未及时向上汇报，结果酿成大问题的情况也不少。所以，对于客户反映的问题，即便很小，也必须向公司高层汇报，这一点应作为重要注意事项在公司中贯彻落实。也就是说，发生投诉时，不得进行私下调查。

出现问题时，首先是让相关负责人及时应对。处理结束后，还要把它作为整个公司的问题进行对待，不能有问题解决了就万事大吉的思想，要让全公司员工都来追查问题产生的原因。这么做不是为了追究个人的责任，而是借这次投诉的机会，冷静分析到底是企业体制上出了问题，还是商品本身的缺陷，这才是根本目的。

最近，社会上出现了一批被称为“投诉人”的偏执用户，他们专门挑剔商家的过失，苛刻程度几成病态。所以现在已经到了投诉处理的好坏直接影响公司业绩的时代——这么说一点儿也不过分。

在这个问题上，对领导的要求也是一样。要做到为客户着想，善待对方，保持热情的态度。对于那些因为一点小问题而大吵大闹的客户，如果只是认为对方是仗着客户身份在那里胡搅蛮缠，或者回过头去骂部下：“跟你说了那么多，还把事情搞砸了，你真是混蛋一个啊！”这些做法都是不可取的，投诉也不会因此而减少。

如果一个公司建立了让所有投诉信息都能及时上达领导层的机制，那么他们的经营业绩一定很好。因为通过处理投诉，可以发现背后所隐藏着的公司体制的问题，一旦这种防患于未然的改进机制得以形成，那么公司“以市场为导向”的经营体制就能得到了进一步强化，商品质量问题自然就少了。

13. 第十三法则：成为“笔记魔”

在本书的开头部分，介绍了我在做新人时、将市村清先生的口头禅——“时刻保持较高的信息敏感度”活用到自己的业务工作中、结果取得很大成功的故事。这句口头禅放到现在来说，就叫“有效利用可用的原始信息”。

评论家们经常提到的一个词是“信息化社会”。对于我们来说，只有那些在营销实战中具体运用并能发挥作用的信息才是有用的信息。除此之外，不能在营销中实际运用、也无法活用的信息则什么都不是，只是一些杂七杂八的知识而已。

这些杂七杂八的知识无需网络搜索，每天如洪水般地在电视、报纸和杂志上大量传播。那么，我们怎么来搜集“有用的信息”或者“能够活用的信息”呢？

我的做法是通过勤记笔记来搜集自己认为有用的信息。记录的内容包罗万象，不必说那些绝不可忘记的约见时间地点、客户的要求等重要事项，就连自己感觉有点疑问的问题、在街上走时注意到的现象、显眼的色彩、客户说的一句话，甚至销售员之间聊天时印象深刻的话语以及电车平面广告中引人注意的词句、最近报纸上频繁出现的用语或者现阶段很少使用的说法等，都是我的记录对象。从早到晚的所见所闻，只要能想起来的，一个不剩，全部记录下来。

通过记笔记，不仅能让信息通过眼睛，还通过写字的手进入到大脑中。各种信息像起了化学反应一样在大脑中混合，进而让我有了自己特有的营销灵感。

另外，记笔记在分析问题和日程管理方面也能发挥很大作用。因为单靠记忆做事总是容易出差错，所以要在每晚睡觉之前对当天的笔记进行分析，整理出自己的工作安排并记到笔记本上，然后对第二天的日程安排进行细致确认。除此之外，还要把月计划、年计划当成日计划那样再次检查。这样，不仅是眼前的业务，就是数月后展开的业务，近期要做的工作也会立刻在头脑中浮现出来。

像我这种喜欢边做边想类型的人，和那种三思而后行的人不同，因为我没有时间慢慢研究桌上的资料，所以只好做个“笔记魔”。

14. 第十四法则：最后的3%是成败的关键

我认为成功和失败只有一纸之隔。任何事情，最后的3%都是决定成败的关键。

如果观察那些以失败告终的人，可以发现他们并非一开始就懈怠不思进取。一般来说，从开始到完成工作的80～90%，大家的努力程度都是一样的。还有更努力的，他们甚至把工作推进到了97%，但最后剩下的3%却成了成败的分水岭。

大部分人都在冲到97%的这个位置选择了放弃，认为自己已经尽了最大努力。

据说在马拉松比赛中，三十五公里以后剩下的那段路程是最艰难的。虽然终点就在眼前，但在运动员看来却遥不可及。而工作不同于跑马拉松，没有一个清晰的终点可以期待，甚至连剩下的3%也无法预测，所以很多人在即将到达终点之前选择了放弃，结果功亏一篑，之前97%的努力付诸东流，实在是可惜。

我们经常能看到这样的情况，一些企业因亏损破产了，但经营者却说自己已经尽了力。要我说，这些人根本不是什么经营者，正是因为他们没有尽力，企业才会亏损并最终遭遇破产。他们就是在最后的3%处停止努力，选择了放弃。

这个道理，是我通过做销售员时的亲身体验领悟出来的。

有次我碰到一个很有实力的大客户，走访了很多次，对方都没有反应。虽然十次二十次跑下来，没有得到任何让人满意的回话，但从一些迹象判断，似乎又有购买我们产品的可能性。其实，那时已到了关键的时候，不记得后来又跑了多少趟才拿下。为了写作这本书，我查阅了过去的一些记录。记录显示，我曾在一年时间内走访客户三百八十次，有时一天当中就要走访两次，那种不屈不挠的韧劲儿，现在想起来我自己都感到惊讶。因为是很多年前的事，一些细节已经记不太清楚了，反正每天的早中晚出去了回来，回来了又出去，只知道不停地走访，直到客户有了答复为止。

最后那个客户终于被我感动了，给了我一个当时金额为 9000 万日元（现在在 1 亿日元左右）的大单。成交后，那种无法形容的成就感，现在仍难以忘怀。喊“努力”“加油”的口号是容易的，但若只想付出一般的努力，就无法完成最后 3% 的工作。

第七章　我的“经营二十一法则”

虽然我认为社长的经营行为很重要，但在之前的章节中很少有机会涉及。因此在本章中，我将对其要点进行总结。

1. 第一法则：开朗乐观的性格

领导者必须性格开朗。无论遇到什么事，都能面带微笑，积极面对，从容自若。开朗乐观的性格是成为领导者的重要条件。

任何事业都不可能一帆风顺，必然有高潮有低谷，有好的时候也有坏的时候。在事业发展顺利时，领导者的精神状态是开朗乐观还是消极悲观，也许还不会产生多大的问题；一旦转入逆境，周围环境发生恶化，社长的精神状态就会在很大程度上左右公司的业绩发展。

平时，社长的一举一动都逃不过员工的眼睛。当销售额较上个月有大幅下跌、客户被竞争对手撬走或者发生意想不到的投诉问题时，有的社长会抱着脑袋、皱着眉发愁或者阴沉着脸责问部下。另外，社长接电话时的声调和不经意间的叹息，都会对周围人产生很大的影响。社长情绪低沉，会带动周围人都变得阴郁，从而使士气委顿。

“这事，大家不用惊慌。”——社长应该保持镇定自若，以乐观的态度指导部下应对问题。即使是硬撑着，也必须给人一个积极的印象。

无论是个人还是集体，相互之间在思考和寻找积极因素的过程中，就能获得共同成长。在一个积极向上的集体当中，即使社长提出无理的要求，也能应付得游刃有余。

倘若经营者行为消极，那么大家都会因此感到不安并疑神疑鬼，开始热衷于明哲保身。没有积极乐观精神的社长，有时自己的真实想法连心腹干将都不告知，部下们更不知道他在想什么，打算怎么干，结果导致无法在公司内部生成摆脱困境的力量。

那么，怎样的性格特点可称开朗乐观或消极悲观呢？一般来说，开朗乐观的人总能让周围人变得快乐而富有朝气和活力。外表和内心都表现得积极乐观之人自不必说，就是那些外表冷静，但思想积极的人也属这种性格类型。相反，表面和内心都很阴郁的经营者自然就属于消极悲观型了，这样的人也许并不多；表面开朗、内心消极的人也应归于这一类，或许还有少数经营者是这样的人。

尽管如何对人的性格进行消极和积极划分，我也不甚了解。但我认为大部分创业经营者的性格应都是积极乐观型，而一部分接班者则多属于消极型性格，这部分人明知自己性格方面有缺陷但却不愿改正，比较难伺候。不知道这算不算我的偏见。

商务场合初次见面的机会很多。与开朗乐观的人在初次见面中就能给人以好印象不同，性格阴郁的人要想让对方了解自己的优点，往往需要花很长时间，有时弄不好还会给对方留下不好的印象。因此，开朗乐观是百利而无一害。

因为是性格问题，要想让自己的态度从消极变成积极，一般很难立即实现。但至少我们要向积极的方向努力，特别是社长更应如此。但若是硬装出来的开朗乐观，导致表面上做出庸俗举止，则会给人轻浮的印象。所以，接下来需要注意的一个重要问题是训练自己的内心，使其变成“积极思想”。

2. 第二法则：积极的思想

近年来，人们在日常交谈中经常会提到“积极思想”这个概念。一些年轻人也常把“要想收获幸福人生，积极思想至关重要”的话挂在嘴边。那么，经营上的积极思想是什么呢，让我们重新思考一下。

例如，那种认为现在经济形势不好、产品卖不出去是理所当然的想法就是明显的“消极思想”。而“经济形势不好，产品不一定卖不出去，只要坚持苦战，就一定能销售出去。”这才是“积极思想”。道理谁都明白，只不过有的人心里明白，却在实际工作中无法产生积极思想，所以依然是个问题。

市村先生语录中有一句叫“只要干，就没有干不成的事。”他经常告诫我们，无论碰到怎样的困难，坚持到底是最重要的。事实上，每次当我坚定地认准“只要干，就没有干不成的事情”的时候，横在眼前的困难总会在不知不觉中迎刃而解。一来二去，心里渐渐产生了“没有自己干不了的事情”的坚强自信和挑战精神。

但是，综观芸芸众生，遇事持消极思想的人还是大有人在。比如，在小酒馆借酒浇愁的上班族抱怨自己的社长总爱提无理要求；为人父母则哀叹子女不好好学习；还有年轻女子怨恨如今社会上都是不可靠的“草食男”等。积极思想似乎已无处可寻，在媒体对经济不景气的鼓吹和渲染下，消极思想正大行其道。

在一些大企业或政府部门，我们经常能听到人们以“没有先例”做挡箭牌，拒绝做某事，这也是一种消极思想。好事没有先例也应该实行。没有先例便不敢尝试，不过是一种逃避责任的借口。那种“以前做过，但没有成功”的想法也与此同理。只有不怕失败、勇于重新尝试才是正确的做法。

还有一些话，人在说时并没有意识到是消极思想，比如“那件事我将尽力而为”，乍一听似乎是积极思想，真实的意思却是“即使不能实现目标，我也已经做到了极致，无法再进一步了。”不过是为可能的失败寻找一种辩解而已。只有“我认为还有很多办法可用，无论如何也要设法达成目标”才是积极思想。

在如今这样经济形势不好、企业业绩低迷的时代，积极的姿态更加重要。受恶劣经济环境的影响，人们总会不知不觉说出一些否定消极的话来。咬紧牙关坚持住，以积极心态示人才是正确的做法。

有一句叫“乐观是意志，悲观是情感。”的意味深长的箴言。之所以很多人愿意持消极态度，因为那样人会变得轻松，不用费心思考，跟着感觉走即可。虽说生气、悲伤无伤大雅，觉得无趣发发牢骚也不无关宏旨。但这种消极思想会让人们的事业裹步不前。

作为一名社长，有时间抱怨部下无能，还不如自我反省改变自己，设法应对变化——“市场发生了这么大的改变，也难怪销售不畅。”这就是“意志”。消极思想只是一时的情感，若能克服这种消极思想并用心思考，就能转换成积极思想。

当然，即使是社长恐怕也不可能始终如一地保持积极的心态。今后肯定还会碰到类似现在这样的严峻经济形势，当我们产生畏难情绪的时候，应想到那不过是任何人都会有的一时感伤，应及时抛弃，在内心坚定一个信念：“即使再难，也没有我做不成的事”，让“情感”最终上升为“意志”。

3. 第三法则：有决心

相信自己“只要干，就没有干不成的事情”，这是个决心问题。

大家都听说过中国古代“背水一战”的故事。《广辞苑》的解释是：将军队置于一步也不能后退的绝境，让全体将士意识到只能成功不能失败，拼尽全力一搏。古时候，在一次楚汉之战中，汉军大将韩信统帅新招募的士兵，背靠大河布阵，断了自己的退路，以此让士兵们坚定拼死求胜的决心，结果取得了胜利。“背水一战”就来自于这个故事。

本书的第二章谈到我到大阪支店赴任、负责重建工作之时，曾在市村社长面前毅然立下“完不成重建任务，您就开除我”的军令状，这其实也是在逼迫自己背水一战。

挑战困难时，领导者的意志和决心至关重要。反之也可言，一个遇事不能下决心的人便不能担任领导者。

一个公司只有一个社长。如果最高领导者尚且没有应对困难的决心，那么其他人就可想而知了。这样的社长无论怎样训斥或哄骗干部，自己的意图也无法贯彻下去。

在一次社长学习会上，有个第二代社长抱怨道：“本想起用一些有能力的年轻员工。但因父辈时代的干部还在位，让我无法如愿。按照我本来的想法，是想撤换这些人的。”听了他的话，一位在座的最年长的创业社长说：“想撤换就撤换好了，可以将父辈时代的干部的工作交给年轻人干。但你要做好不顺利就自己兼任的准备，这样比较好。”

结果，那位第二代社长不停地转动眼珠，似乎没什么自信。总之，在关键时候，他无法下定决心，最终只好不了了之。这和在小酒馆借酒浇愁、发牢骚的上班族并无二致。每次看到这些让人遗憾的社长，我就会想起本书第三章中提到的K社长和他在困难面前下决心的方法。

那时，K公司每年的经常利润为2000万日元。正值他的主要合作银行北海道拓殖银行破产，因对方失误，将本没有不良债权的K公司的贷款余额纳入了整理回收机构的清理范畴。结果被迫还贷，又因一时无处拆借，K公司的资金骤然紧张起来，几乎到了生死存亡的边缘。

那时，即便是大胆的K社长也睡不着了。突然发生这样的变故，要搁在一般的人，一定会大脑一片空白，惊慌失措得乱了方寸——“管理再怎么混乱，也不至于把贷款余额纳入整理回收机构的清理范畴吧。今后真是没什么招啊?”“当初就有人告诫说不该只在一家大银行开户，可我……”。但是，当时的K社长却明确地对替他担心的我说：“事到如今，再抱怨银行的过错已无济于事。既然是这样，我决心无论如何自筹资金把账还上。”说这话时，K 社长的眼神里充满了坚定，如同他挺得笔直的脊梁。

看着 K 社长不同寻常的决心，我不由得给他打气：“好，要的就是这种气概！我也会替你考虑一些自筹资金的方法。”并于几天后，在经营者们中间宣传，动员他们认购一份二百万日元的“金枪鱼基金”——“买‘金枪鱼’就能赚钱啊。但也请做好投出去就收不回的准备，拜托出资吧！”现在想来，当时很有些强迫别人认购的意思。

尽管如此，以日本经营合理化协会的牟田理事长为代表的几位熟悉 K 社长的公司老总还是欣然应允，纷纷掏了腰包，作为首倡者的我也以夫人的名义投了钱。K 公司的资金紧张状况得以缓解，危机过去了，钱也顺利归还。

假如当初 K 社长慌了手脚失去主见的话，这个挽救措施便无由出现。

4. 第四法则：体力充沛

社长必须始终保持精神饱满的工作状态。在经济形势不好的情况下，尤其需要如此。

至今，我见过很多经营者，他们与一般上班族的重要区别之一就是拥有出众的体力和精力。也许是因为社长有份责任感——认为公司里没有自己不行，让他们变成如此吧！但也有人因为过分相信自己的体力和精力，结果健康突然出了问题，所以我要提醒这样的人注意。

实际上，我说的不是别人，而我自己。在理光和三爱工作期间，我曾分别病倒过一次。老实说，生病以后，不要说体力了，连精神都差了很多。虽然我自视天生刚强，即使身体病了，精神上也不会垮。但是当积极进攻的劲头丧失之后，我才真的害怕了。

第一次病倒是因为感冒拖成了肺炎。而服用的特效药又不适合自己，导致自律神经功能失调，不停地出虚汗，浑身无力，遭了大罪。向医生抱怨，医生也不予理睬，只说我是生活没有节制造成的。的确，因为享受工作的乐趣，我一年当中从不休假，周六周日也陪客户打高尔夫球，全然不顾身体有极限，不顾健康的过度透支。这样做，让我付出了住院半年的沉重代价。

特别是在经济形势不佳、人的压力倍增的情况下，尤其要注意不能透支自己的健康。话虽如此，直到现在我也未总结出一套足以示人的保健方法，顶多也就是要定期休息，逮着空闲就好好睡一觉。

我的母亲活了一百零一岁，八十岁以后还能大块吃肉，胆固醇一点也不高。可能是受了她的遗传，我也一直喜欢吃肉，认为津津有味地吃喜欢的东西是最幸福的一件事情。

作为一个社长，与其担心卡路里和脂肪影响健康，还不如从工作中感受快乐，这才是养生之根本。我不是医生，说的不一定对，请大家谅解。我认为社长的工作是有价值的，对自己能够胜任这样的工作应心存感激。我想这才是社长最好的保健方法。

5. 第五法则：谦虚正直

我曾多次说过，一个过于自信、缺乏谦虚和正直感的社长，没准哪一天就会摔个大跟头。

虽拥有坚定的自信很重要，但若不知不觉走得太过，就成了傲慢。本书第三章中已强调过：正因在公司里没有人会说社长、提醒社长，所以社长才更要注意保持谦虚和正直的品格。

如果社长的谦虚和正直感不够，那么公司的一切事业活动都必然会转向“以产品为导向”而偏离“以市场为导向”的轨道，这是很可怕的。

如果你公司的业绩不佳，也许就是因为你不够谦虚正直，导致客户不再理睬你的缘故。我自身失败的经历，让我把谦虚和正直作为经营企业最基本的思想品格反复强调。

6. 第六法则：梦想和算盘

对于经营者来说，赚钱、干事业为了什么，这些梦想是支持他们一路走来的动力。

有很多人是抱着要活得比别人好、要成为大富翁的想法开始创业的。但是，要想让企业的年销售额发展到 5 亿、50 亿乃至 100 亿日元的规模，作为企业领导者的社长，还必须思考一些问题。

仅有梦想无法生存，但赚钱却不能成为唯一的梦想，领导者必须思考怎样做到“有理念地赚钱”。

雷曼兄弟银行的破产引发了美国的金融危机，让世界陷入了一场大混乱。这象征着被贪婪“绑架”的无理念赚钱方式走到了尽头，没有基本理念的赚钱方式最终必将失败。

这里所说的“理念”不仅仅是字面上的意思，而必须是自创业之初起经历的种种成功和失败后，在头脑中升华出来的一种思想，除此之外都不能称其为理念。请大家好好回忆一下自己在内心梦想或者野心的驱使下所开展的经营活动，找出是什么支撑着我们在经营企业的道路上一路走来的。

结果我们会发现，当初想成为富翁的单纯想法已然变了个样。假如没有发生变化，还是原来那种赤裸裸的贪婪本性，企业就不可能持续发展到今天，一定早就消亡了。

在回忆的过程中，你会对那些在自己成长为经营者的过程中，提供过帮助的人心存感激之情——“如果不是遇到了那个客户，就没有我的今天”、“若没有那个客户灿烂的微笑会怎样”、“没有那个部下会怎样”、“没有那个恩人教我技术会怎样”、“那时若无那个恩人出钱相助会怎样”等等。单靠自己的力量，我们不可能有今天的成功。因此我认为，正是这些恩泽，才将我们当初单纯的个人欲望提升到了经营理念的高度。

有些经营者能随口说出梦想或理念，而有些经营者则不能。即使是能随口说出的，有的也还没有达到理念的高度。对于这样的经营者，我劝他们不妨制定一个“经营计划”。

经营计划就是用文字和数字来表示“有理念地赚钱”。

然而，我曾看到有些中小企业根本没有经营计划，即使有大多也只是本季度的利润计划，但那些只不过是盈亏计算计划表而已。要把这些计划上升到“有理念地赚钱”的高度，经营者必须思考：将来我要怎样改变公司的现状，至少未来三年公司应该是个什么样，为此本年度应该怎么做等问题。

不用语言对梦想、理念描述，在社长脑海里浮现的公司三年后的景象也是它的某种反映。并且要能计算出那时应该达到的销售额和利润。同时，为实现这些目标，社长还要考虑选择怎样的商品和市场如何安排人力等。

当然，按照既定计划实行，不一定能达到预期目标，因为那只是计划而已。接下来的重要工作是：目标若未如期达成，就要对原计划进行修改，产生新的计划并通过计算求出新的数据。支撑这些工作能继续完成的也是要靠我们心中的梦想或理念。

如此不断反复、不厌其烦地持续改进下去，最后的结果有可能遭遇失败，也有可能意外获得一个机遇实现长足发展。这样，不知不觉中我们的梦想就会升华为理念。

7. 第七法则：拥有“三只眼”

我认为经营者应该有三只眼睛：一只看身边，一只看前方，一只看远处。

“看身边的那只眼”的关键之处在于要看清现实、现场的真相。我曾多次说过自己是个彻底的现实现场主义者，在从事经营咨询之后，我吃惊地发现社会上有很多经营者，与其说是看不到现实问题，不如说是不想看现实问题。正所谓要“关注脚下”。（日语中的成语，意思是要看自己的脚下，观照自己的内心。——译者注）经营者如果连“真相就在身边”的道理都不懂，所经营的事业当然永远不可能成功。

“看前方的那只眼”看的是不远的将来，前面所说的“三年经营计划”指的就是这个。一个社长若不懂得预测未来、对将来的事情一无所知，那么他就不可能有任何成就。而只忙于眼前的工作、不考虑未来三年发展的经营者的事业也不会有大的进步。

但是，有些经营者在预测不远的将来时，理解上发生了错误，这时需要立刻修正。刚开始，不要说能准确预测“一步远”，就是“半步远”也是好的。我们可以通过 P·D·C·A（Plan－Do－Check－Action）循环，一点点实实在在地提高经营者预测未来的“眼力”，这一点非常重要。即使花点时间在上面也在所不惜。

“看远处的那只眼”也叫大局观，是指了解时代的发展潮流和大局面，以全球眼光看待问题。在如今这样全球性的经济大波动中，从事经营活动的经营者若没有大局观，就无法实现长久发展；没有大局观，“经营长期规划”、“十年经营计划”将变得毫无意义。

但是，这种大局观并非短期内就能培养出来，有时要做到从大处着眼，还必须具备宗教和哲学的视野。所以，我们在平时就要注意和各行各业的有识之士进行广泛交流。

虽然社长以一己之身同时拥有“三只眼睛”是最理想的一种状况，但现实中很难做到。所以我建议中小企业可以引进拥有不同“眼睛”优势的顾问、学者充当社长的助手，或者让社长和会长分担“三只眼”的功能，以扬长避短，这一点希望大家一定加以考虑。

8. 第八法则：兼具“魔心”和“佛心”

要想经营获得成功，须得“左手捧玉，右手执剑”。

对于员工，我们先要推行“性善说”理论，让他们明确公司的经营方针，愿意为公司效劳。现实生活中，每个员工的性格和接受的教育不同，工作起来不一定都能如我们所愿。对此我们要宽容，要以“佛心”待之。

但是，经营活动不是光靠一团和气就能获得成功的。如果一味宽容，员工中就一定会出现无所顾忌、任意妄为之徒，其嚣张气焰甚至无法遏制，最终必然要影响到整个公司的发展。俗话说“佛的宽容也不过三”，这时我们就要拿起“性恶说”的理论武器，像“魔鬼”那样采取严厉的应对措施。

特别是那些公然违反公司规章制度、或者为明哲保身而在背后批评社长的干部，无论周围人如何替他说情，我们也要坚决进行处理或撤换。(每当想起过去的自己，我就直冒冷汗)。如果任其发展，渐渐地他就会呼朋引伴，形成恶人当道、正气不张的局面。相反，如果严惩首恶分子，其他同类受到震慑，就会反过来配合我们。所以经营者兼具佛魔两心，对培养员工至关重要。

这种两面手法也可应用于销售网络的管理。

比如，若我们的代理店用心不专，私自经营其他竞争对手的产品，那么无论它过去贡献有多大，公司必须毫不客气地严惩不贷。前面已经介绍过，我曾通过直销的方式，向不忠的代理店客户开展攻势，对其进行了毁灭性的打击。那时的确被人看成是“魔鬼”，为了维护正义，有时也必须采取“魔鬼”一样的手段。

处理这样的问题，注意不能感情用事。如果公司平时没有累积自己的直销能力，断然裁撤不忠代理店，只会带来销售额的下降。若贸然改变公司的经营战略，变换销售渠道或者改做直销，很多公司的销售部门就会抱怨：“那样的话，××公司肯定有意见，我们的交易将被迫停止。”这种情况下，就不能强行采取行动，而应先搁置下来，维持现状。同时要注意拖延时间，积蓄战力，以确保这个销售渠道断了也不会影响公司的整体业绩，然后再对不忠代理店采取断然措施。因此，正确把握做“魔鬼”的时期非常重要。

9. 第九法则：命令和鼓励并行

对待部下的态度一般有以下两种。

一种是态度生硬的下达命令式——“这件事，要像这样，什么时候能完成?!”；另一种是先沟通思想，鼓励对方——“你一直都很努力，但离目标还有一点距离。”

在实际工作中，经营者必须同时拥有命令和鼓励这两种态度。说得极端一点，就是要具备前文提到的“魔心”和“佛心”。该表扬时表扬，该批评时批评。虽说这么做是顺理成章的，但若能用好表扬和批评，那么驭人将变得很轻松。

因为社长也是人，也有“魔心”和“佛心”的平衡把握不好的时候。

“喂，今天社长的心情不好哟!”“那，这事明天向他报告?”干部和员工总是很关心社长的情绪状况。同样的报告，可能会因社长心情的不同而遇到不同的对待。所以，经营者不能成为这种性情不定的人。

在关系事业成败的关键时刻，要像“魔鬼”那样进行判断并果断下达命令，同时还要本着一颗“佛心”去帮助部下。这时，我们不能受自己情绪的影响，而要巧妙地综合运用命令和鼓励，把握其强弱。

10. 第十法则：做好出现问题的思想准备

经营活动中，麻烦事总是常有的。即便出现了棘手问题，只要我们做好了积极应对的思想准备，就能克服任何困难。重要的是不能逃避和拖延。我们必须把艰难困苦当成是锻炼自己的磨刀石，当成是公司获得更大发展的绝好机会。

一般来说，问题出现时，我们习惯从目前能看到的现象着手思考原因。然而大部分问题并非仅看表象就能理解。仅是个人疏忽大意或者违反规则等问题，解决起来倒很简单。若发生了大问题，社长就必须做出指示，制定全面彻底的应对方案。

以前当有部下向我报告有问题发生时，我的第一反应是很不耐烦——“搞的什么呀，这些混蛋!”因为性急，就容易上火。在理光时代，我经常会冲动地当场发脾气。后来去了三爱，我开始竭力控制自己不发火。要生气时就立刻意识到自己不成熟——“不行，我的器量还太小。”同时强迫自己认同“问题是宝”的思想，控制情绪，思考善后对策。在有了这种认识之后，渐渐就能控制自己了。

至于说哪种方式对解决问题更有效，似乎没有必要说明。发生大问题时，社长要沉着冷静，带头思考对策，通过对现场调查研究，制定措施以防止类似问题的再次发生。发生小问题时，可以听取现场干部员工的意见，让他们自己思考预防措施。对于犯错的员工，在调查现场之后，既要严厉处分也要以一颗“佛心”为其提供改过自新的机会。

11. 第十一法则：替部下收拾残局

干部说到底也是上班族。在中小企业的干部中，那些劳苦功高的资深人士大多担任常务董事或专务董事等要职。所以，中小企业的干部，与其说是和社长一起承担经营职能的人，不如说是信赖社长、愿意始终追随其左右的忠臣更为贴切。但是，对于社长来说，他有责任让这些忠臣获得成长。要交给他们具有一定挑战性、需要经过一番努力才能完成的工作，另外还要大幅放权，委以重任。

这种情况下，即使只是个上班族，一般来说也会竭尽全力拼命努力。但是，失败总是无法避免的，有的甚至会影响整个公司的业绩。这时，社长应该以什么样的态度应对呢？

在我担任理光支店长的时候，有位课长因为强行向代理店推销货物，结果给公司造成了巨大损失。本书中曾有所描述，如果企业高层只知道一味追求营销数字，那么销售一线的销售员就很容易造假，于是强行推销商品，即使后来被退货也要确保当月的账面销售数据能够达到指标。这暴露了上班族明哲保身的毛病。

当时理光通过强行推销方式虚报营销业绩的情况，在全国各地的代理店盛行。这是造成业绩下滑的最主要原因，所以我决定禁止这种强制推行的虚假销售方式，并声明如有违反立刻予以降级处分。

尽管如此，那位课长还是在我们的所有代理店干了这种违反规定的事。当时的我是“消灭强行兜售行为”的急先锋，这件事的发生，是我在自己管辖范围内遭遇的一次重大失败。那个课长平时是个诚实认真的人，我想不明白他为什么这么做？在对现场进行调查研究之后，了解到了如下实情。

原来那位课长的上司部长无视市场的强弱因素，将部门的销售指标按照人头比例进行自动分配，那位课长负责的区域恰好是各商家竞争非常激烈的地方，尽管当时是销售淡季，但他接受的销售指标却要求比上年度提高140%。对于这样硬性的目标设定，那位课长没有提出反对意见，而是想方设法争取达成。随着截止日期的临近，销售指标无法完成日渐成为现实。为此担心某代理店的社长出于同情，于是提出了不够数的部分由他们接受。

我在大致了解情况的真相之后，首先把那位课长调去仓库当管理员，明确进行了降级处分。因为禁止虚假销售的决定是没有错的，必须坚持。同时对设定硬性销售指标的部长进行了减薪处分，因为他对导致那位课长犯错负有责任。

那位被降职的课长，因为受处分一直在闹情绪，我经常打电话询问他的情况。在随后的人事调整中，让他回到销售课重新担任了课长职务，实现了重生。那以后，他工作干得有声有色，因业绩突出还当上了部长，最后在部长任上退休。

12. 第十二法则：增加时间

社长总是很忙。但社长和普通人一样，一天也只有二十四个小时。尽管如此，我还是要求整天忙碌的社长们在经济不景气的时候，不要待在公司里，挤出时间去访问客户。

要出去访问客户，他们就必须增加工作时间，但一天只有二十四个小时，如果还是以前的那种工作状态，就得减少睡眠时间，那样可能会损害健康。所以，为了增加社长的工作时间，我通过以下四点说明我的想法。

①提高工作效率。

有意识地提高工作效率：以前一个小时完成的工作，现在能否用四十分钟或五十分钟完成呢？有了这种意识，很多工作甚至不到三十分钟就能完成。

②立刻动手。

工作越拖延，花费的时间越多，也越容易出问题。

③安排好先后顺序。

按照事情发生的先后顺序着手处理工作，并非社长的工作。因为每件工作都有其自然的先后顺序。只有在既定行动计划之外，出现突发的重大事件时，才需要社长出面做决定。这时社长要根据自己以往的经验，来判断工作处理的先后顺序。从最需要优先处理的工作开始着手，非特殊情况下，社长须立即做出判断和决定。无论是制造商还是流通业或者服务业，也不管是大企业还是中小企业，这时需要最紧急优先处理的是，走出公司去和客户见面。

④选聘一位能干的秘书。

大企业的社长聘任秘书是理所当然的事，很多中小企业的社长因为感觉不相称，所以很少配备。但我认为为了更好地做好社长的工作，中小企业的领导者也应该配备能干的秘书，让其充当领导者的手足，处理杂务，安排日程，以便领导者能够集中全力应对最需要优先处理的问题。若非如此，社长就不能长时间离开公司。

有些公司，社长让对自己唯命是从的总务课长兼任秘书一职，但这些人只能发挥传话筒的作用，如财务工作中不必了解详情的出纳，这种用人方式并不能增加社长的有效时间，领导者对此必须明了。

秘书能干当然是好事，但若依仗社长有求于自己，就在别人面前摆谱，一旦发现，社长要对其严加约束，责令其改过自新。

令人啼笑皆非的是，有些经营者雇用貌似在夜店工作的漂亮小姐担任自己的秘书，当然这是题外话。

13. 第十三法则：怀疑现状

我们要知道：理想的状况总难保持长久，顺境只是碰巧遇上的。像现在这样市场剧烈变化的情况下，就会出现今天也许还不错、但明天就变得很糟糕的情况。所以，如果没有否定现状的眼力，就无法跟上变化。

企业的员工一般不喜欢变化，他们不愿改变好不容易熟练了的工作方式。所以，在调查后发现：很多人不仅没有根据新变化调整自己的做法，甚至依然故我地大行过去那一套。希望各位经营者到工作现场去调查一下，你们的公司一定也不例外。

这是在某家公司发生过的真实故事。因为财务管理实现了信息化，本应废除以前的手工记账，但老资格的财务部长不认可这个进步，硬是要求部下将信息化处理和手工记账同时进行，结果财务事务不减反增。

另外，有的公司为了使物流更加合理化，引进计算机系统对库存产品进行管理。但因仓库管理人员不熟悉新的管理方法，仍局限于之前的使用计算机进行发票管理，结果引进的系统没有发挥出预期作用。

还有的公司在由大批量统一发货转变为小批量发货时，出现仓储部门处理不及时的问题。结果社长急得不行，跑来问我怎么办，我跟他谈了我在三爱工作时的做法。——首先撤换负责人，其次将发货业务外包出去，不再什么事都自己亲力亲为。

在三爱的多品种小批量生产方式走上正轨以后，为了保证畅销商品的及时配送，公司确立了小批量发货原则。但当时的物流效率却很低。为此，我们起用熟悉店铺情况的人出任物流负责人，一举缓解了这个矛盾。之后，随着销售额的上升，我们又改变了以前所有物流业务全由公司自己承担的情况，以外包为前提，对仓储业务进行了根本性改革。

听了我的经验之谈，那位找我咨询的社长回去后立刻撤换了相关负责人。后来他高兴地向我报告说："老师，托您的福，那个让我伤脑筋的问题很快就步入了正轨，快得简直让人觉得有点儿荒诞。"所以，我们不能忘记"现场害怕变化"这个原则。

14. 第十四法则：先要喜欢对方

人的情感是个奇怪的东西，正所谓“情人眼里出西施”。如果因为偶然的原因对 A 有了好感，那么 A 所做的任何事，我们都会进行积极评价，好感度变得越来越高。

相反，如果不喜欢 B，那么对于 B 的一切言行，我们都会持消极的眼光去看，总把对方向坏的方面想。这种情感倾向会加剧人与人之间的隔阂，从而破坏人际关系。

现在回想起来，对于过去的我来说，A 就是市村清先生，而 B 就是理光的第二任社长馆林先生。人的好恶情感是没有什么道理可讲的。为了市村先生，我可以不辞劳苦，竭尽所能地为他工作。而对于馆林先生，我却无视他的存在。对于自己喜欢的人，我们会想方设法帮助他，而对于讨厌的人，即使对方恳求于我们，我们也不愿做。正因为我们把这看成是理所当然的，所以我们总是根据自己的好恶行事，结果造成了人际关系的紧张。

如今，我的观念已经发生了改变。我认为领导者对于部下不能带任何好恶情绪。

然而人总有一些自己不喜欢的人，怎么办呢？唯一的办法就是将你不喜欢的人变成你喜欢的人。我们不能始终将自己的思想停留在“这个人不好打交道，不喜欢”上，而应该从平时开始训练改变自己的想法——“不能老是讨厌他，要从心里喜欢他，真正喜欢上他。”从而控制厌恶情绪。当你以一种喜欢对方的情感与对方打交道时，对方对你的态度也会发生改变。而且不知不觉间，你会发现对方就是你的一面镜子。

随着喜欢的人越来越多，你对部下的挑剔就会越来越少，待人的态度自然变得温和亲切。那样，为了让部下拥有一个无悔的人生，即使你手执爱的皮鞭严厉督促，他们也会听从。

无论话说得多么动听，如果不是发自内心，都不可能打动人。只讲究驭人技巧是不会有人追随的，也不可能培养出人才，这是用人的一个重要原则。特别是第二任、第三任经营者，他们身上一个明显的缺点就是对人的好恶情感强烈。

为了避免和他人形成感情隔阂，先要让自己喜欢上对方。要努力寻找对方身上的优点，而非缺点，这一点希望大家切记。

15. 第十五法则：下道工序是客户

社长必须是维系一个组织运转的人。

只要不是一个人经营的商店，所以企业的力量就会因组织的作用变得很强大。企业利润也可说是组织力量发挥作用的结果。比如，五十个人各自为战，所产生的效益只有五十个单位，而若通过组织将他们联系起来，就能产生数百个单位的效益。

为了说明组织结构的重要性，我想谈谈“下道工序是客户”的问题，虽然这个问题在前面第四章已经涉及。在制造和销售的关系中，销售是制造的下道工序，作为制造部门来说，他们应该有将销售部门视为自己客户的意识。

比如像印刷厂这样接受订单的企业，交期非常重要。当有销售部门向生产部门抱怨：“一再强调，交期还是不能保证。你们一点儿都不为我们这些辛辛苦苦跑订单的人着想啊！”时，立刻会遭到生产部门的反驳：“说什么呢？你们总是完全听命于客户，多次变更订货要求，按期交货原本就是完全不可能的事。延期交涉本来就是你们销售部门的职责。我们之前付出的那么多劳动都白费了，费用还不知道向谁要去呢。”

另外，对于负责公司店铺扩展的店铺开发部来说，负责店铺实际运营的事业部是其客户。在向客户销售商品的时候，我们会怎么做？一般是对商品进行说明，让客户了解——我们是本着怎样的意图，如何为客户着想开发了那款商品。在公司内部的上道工序向下道工序流转的时候，道理亦然。

店铺开发部门确定开设分店后，在交付事业部门进行运营的时候，必须要和对方磋商：“关于这个分店的开设，我们的想法是这样的。鉴于此，我们预测将来这里的商品应该能畅销，所以决定在这里开设这样一种形式的店铺。为了让这个事业顺利走上正轨，我们将全力以赴，也希望事业部的诸位同仁鼎力支持。”如果不是磋商而是这样的口吻：“我们决定在那边开设一家分店，剩下运营的事就交给你们了。”事业部门一定大为不悦，组织的合力作用就无法形成。

如果店铺开发部门抱着我们只管开设分店、其他事与我无关的想法向下道工序交接工作的话，那么作为下道工序的事业部门就会滋生转嫁责任的念头。如果开业不顺，他们会说是因为开发部门店铺的选址不当，推卸责任。如此一来，企业最大的敌人“内部敌人”就会不断增多。这样，不仅无法发挥组织的协同效应，甚至还会产生相互掣肘现象。

但是，如果我们在日常工作中就有将下道工序看成客户的意识，那么就不会做出这样的蠢事。

在工作从上道工序向下道工序流转的时候，怎么做才能让对方高兴并产生效益，这些都是组织必须认真考虑的问题。

现在虽然说的是制造部门或开发部门和销售部门或事业部门之间的关联问题，但实际上对于上道工序或者管理部门等所有的部门而言，同样也必须把对方视为客户，紧密联系在一起。

行政部门和一线生产部门的情况也是同理。

一线部门最关注的是今天是否赚到了钱、明天能否赚到钱这样的短期目标，而行政部门则侧重考虑怎样在未来三年实现盈利这样长期的战略性问题。由于两者存在差异，如果不小心处理，就很容易形成对立。

作为每天必求结果的一线部门，他们会对行政部门心存不满：“那些家伙不能创造效益，却每天坐在空调房间里装模作样，供养他们的是在生产一线挥汗如雨的我们啊！”而行政部门则反驳说：“正是因为有我们对盈利结构的长期思考，公司才有未来。销售的那班人竟然说我们是靠他们养活的，这也太狂妄了吧！”

如果双方都能视对方为自己的客户，那么就会心存感激之情。行政部门会认为一线部门每天辛苦工作，精神可嘉，因此会勉励自己要以同样的努力设计出发展战略，提升公司的整体业绩。反过来，一线部门会认为自己之所以能摆脱琐碎事务的困扰，专注于眼前的工作，就是因为有行政部门替他们安排好了以后的事情。而让行政部门和一线生产部门携起手来形成合力，是社长的一个重要任务。

我反复对行政部门的人说要做“行动的办公人员”，要求他们不要总待在公司里，要走出去，到现场去调查研究，成为一名合格的办公室工作人员。这样，销售部门也会和行政部门搞好协调配合，将行政部门不断设计出的新战略战术运用到实战中去，从而取得好于预期的业绩。

16. 第十六法则：不做检察官做律师

社长必须教育培养干部。从这个意义上说，社长应该做律师而非检察官。

部下上报的提案，虽然还不完善，但似乎尚有独到的见解和值得认真研究的地方。这时，如果社长认为虽有独到见解，但缺陷太多，那他就在扮演检察官的角色。如果是律师，就应该这样说："你的提案虽然仍有不足之处，但其中的独到见解还是很有意思的。"

社长之所以为社长，就因为他是公司里能力最强、最有营销直觉的人，所以能很快发现部下提案中的缺陷。但有些社长在这时的表现恰恰像个检察官，他们热衷于挑部下的毛病，不停地抱怨："这个问题都想不到，还当了这么多年的部长，真让人放心不下！"老是被批评指责，部下必然受不了，一定不会再有提案上报。

对于上面这种社长，也许有人会说那是例外现象，自己不会那样。当然，对待部下提案的正确的做法是先肯定长处，然后指出不足。但让人意外的是，就是这么简单的事情，仍然有不少社长搞错顺序。

部下总是十人十样，各不相同。要让每个不同性格特点的部下都能认可你且高质量完成工作任务，就一定不能忘了要拥有律师那样的思维方式。

17. 第十七法则：权力下放和逃避责任

为了让部下获得更大的成长而下放权力，这听起来的确是一句漂亮话。但如果以此为借口，将责任一股脑推到部下身上则是不可取的。

比如社长说：“好！这事就交给你了，要把它当成自己的爱好那样做好它。”但若结果未能像预期的那样顺利进展，社长首先难辞其咎。就是说，即使是为了让部下获得成长而下放某些权限，社长也必须承担最后的结果责任。

但有些社长不是这样，他们会把责任推到部下身上。“这个混蛋，我一再告诫要好好干，他却老给我制造这些赤字。”这是因为他们没有搞明白“托付”和“放任”的区别。

有一个词叫“全抛”，就是把任务托付出去之后不再过问，干坏了是部下的责任，干好了是委托方的功劳，这样做的结果是部下永远无法获得成长。而权力下放的正确做法是：在将工作托付给部下之后，自己仍然要密切关注进展过程，一旦发现有可能出现不好的结果时，应在结果出来之前及时提出恰当建议，要正确引导部下如期收获成果。也就是要做到“托付而不放任”。

在这个问题上我想提醒大家注意的是：不要过分干预部下的工作，因为那样会让部下觉得你不信任他，以致失去干劲，这样的事例并不少见。

和部下的能力相比，社长就像超人一样。所以在社长眼里，部下总是慢腾腾的，远没有自己果断迅速。但面对这些，社长能否忍住不说呢？在关注部下推进工作的过程中，如果没有直到不良结果即将出现才开口发言的忍耐力，那么就不该向部下下放权力。

但是，如果因为对自己的忍耐力没有信心，而始终不敢下放权力，就会妨碍部下的成长，也必然损害自己事业的发展，这一点我们必须明白。

18. 第十八法则：读懂数字背后的信息

对于强行推销的营业数据中存在的水分问题，公司的领导层要想发现其中的猫腻却是意想不到的困难。特别是在市场经济形势不好、一切为了完成当月销售目标的情况下，尤其如此。来自上司的压力越大，就越促使销售一线人员在完成当月销售任务问题上动歪脑筋，甚至不惜造假，以蒙混过关。

所以，社长仅仅告诫业务责任人不要搞强行推销是远远不够的，还必须指导他们读懂隐藏在营销数据背后的信息。为此，在下达当月销售指标的同时要告知未来三个月的指标。经济环境不好的时候，通过对半年的营销数据分析来提出对策可能来不及，应改为一个季度分析一次，瞄准未来的目标认真应对。根据实际情况，有时为了完成全年营销目标，要进行随机应变的决断调整，比如加紧完成当月的销售指标以便集中精力应付下月的扩展营销。

这时，为了准确读出每月来自销售一线数据背后的信息，并预测未来三个月的销售指标，以便对销售部门做出及时指示，社长需要做的最重要的事情是什么呢？那就是“社长营销”，除此之外，别无他法。

如果社长始终待在公司里，不去走访客户，也不关心销售一线发生的事情，那么他将永远无法预测公司未来的营销状况。对于诸位经营者来说，要读懂销售数据背后的信息，就必须走出公司到营销一线去。

“公司内部只有费用，而利润只会来自外部。”请大家再次温故一下这个严肃的理论。

19. 第十九法则：机会不能存储

社长亲自做营销，其中一项大的业务就是企业收购。

最近，不仅是大企业，就是一些业绩较好的中小企业也都在谈论收购话题。这时，如果社长能够抓住机会及时做出正确的决断，就能让公司一举实现新的跨越，达到更高的水平。在此我要介绍一下自己的体验。

在我进入三爱十年后，公司的销售额达到了十年前的2.5倍，利润达到了30倍。因此我开始考虑上市事宜，并于1995年8月开始了相关的申请准备工作。

那年3月，市场上M&A（企业并购）之风突然兴起，于是我们也跃跃欲试，想用60亿日元收购大型服装企业M公司的子公司I公司和C公司。I公司经营年轻女性的服装零售，在日本全国拥有多家店铺。C公司则专门从事制服的制造和销售，是当时业界首屈一指的企业。

两家公司的总销售额达到260亿日元，经常利润不下10亿。因此对我们来说，这是一桩非常有利的收购买卖。

据说M公司的一个分公司因为房地产经营失败背上巨额不良债务，以至威胁到总公司的生存。为了清偿银行的60亿日元贷款，不得已提出出售优良资产。对方已经到了紧急关头，必须立即做出决定。

第二天，我召集干部开会，要求大家无所顾忌地畅所欲言。会上争论了半天，大部分人同意收购 I 和 C 公司。但是，如果我们实施收购行动，已经定于半年后挂牌的公司上市就必须推迟。因为东京证券交易所规定，在公司有重大变动的情况下，不接受上市申请。

一方面上市申请正在进行，如果继续推进，多年的心愿就能如期实现，公司的资金状况也能得到大幅改善。而另一方面，如果公司收购成功，销售额和营销网络都会一下子得到迅速扩大，但公司不能上市，资金将比现在更加紧张。该何去何从呢?

这时，朝日啤酒的樋口广太郎社长在一次演讲中说过的一句话突然在我脑海里清晰地浮现出来。他说:“机会无法储存，但金钱和股票可以，因为它们不会腐烂。”于是在讨论五天后，我做出了推迟公司上市先行收购的决定。

几天后，我和 M 公司的创业者在筑地的一家酒店见面，那位社长双手合十恳请我帮忙，我一想到对方的心情，眼泪都差点流出来——他是被逼无奈才要转让拥有 1230 名员工年销售额 260 亿日元的优良资产的，这些企业都是他一手缔造，如今在自己 75 岁的时候却不得不放弃它们，想起来该是多么伤心啊！我站在雨中，没有打伞，目送 M 公司的老社长乘车远去，直到看不见了为止。我想那是作为一个经营者的最起码的礼仪。

第二天，我把 M 公司的干部们请过来，花了一个多小时向他们介绍三爱的经营方针，同时也询问他们自己的想法。他们满脸通红，高兴得几乎要哭出来。一连几个月，他们不知道公司到底会怎么样，担心得不行，如今一千多员工的出路问题解决了，大家都放了心。

第三天，我们两家顺利签约，业界最大规模、史无前例的救助式收购宣告成功。由于这次成功收购，三爱一举登上了女服专卖店销售额第一的宝座，成为业界首个千亿日元企业，重新回到了市村先生健在时业界第一的地位，实现了王者归来。我以此告慰市村先生的在天之灵——“我终于能够报答您的恩情了。”

在长期的企业经营活动中，我们一定会遇到这样的大的机会。这时，我们能否做出正确的决断至关重要。“机会不能储存”这句话实在是太精辟了。

20. 第二十法则：赚钱是有限的，受益是无限的

企业的目的是要维持长期生存。同时，在企业经营方面，无论你有多少高深的理论，最终都要以数字说话。也就是说，

如果不能产生利润，就不能说是企业经营。

但是，为什么企业要把维持长期生存作为目的呢？归根到底是要为社会或者人类做贡献。从大的方面来说，如果企业不能为社会做贡献，就失去了存在的意义，也就没有长期生存的价值。就是说企业持续追求效益数据，必须是以企业活动有益于社会为前提。

关于这个问题，市村清先生经常说的一句话是：“赚钱是有限的，受益是无限的。”

一心只想着赚钱并不一定能受益，即使能受益也不会很大。利润这种东西，是当你对实现自己的梦想或目标倾注热情并以坚强的信念付诸行动，为社会创造出效益之后才能获得的。只有这样的利润才是取之不尽用之不竭的。

做生意一般想的就是赚钱。为了赚到一笔钱，很多人才在销售和宣传上拼命下工夫。但是，这样的人无法获得人们的支持，因为他们经营的根本是为了赚钱，具有掠夺精神。而有些人做生意明知亏损却还坚持去干，只因为它对社会有利，这样的奉献精神就能为大众接受和理解。

赚钱的欲念太强不行，只能顺其自然。谋取利益是有限的，无论你如何拼命追求，得到的也不会很大。但是，如果你“取之有道”，则自然会有收获，而且这种受益是无限的。

“虽然‘赚钱’和‘受益’的日文单词中只有一个假名不

同，但无论是创业还是做买卖，其中都蕴藏着它们的要义。”在每次出问题的时候，市村先生总要这样告诫我。

市村先生还说：“世界上最成功的企业家是释迦牟尼佛祖，他什么也不干，只保持着微笑，人们就自愿捐献香火钱。”当时我认为他是在半开玩笑，但上了年龄以后，才稍稍品味出一点他话里更深的意思。

当企业做到年销售额超过 30 亿日元的时候，即使一句话不说，你也能强烈感受到周围升腾的那种存在感，这或许就像释迦牟尼一样，什么也不用做，只需微笑，就能在周围营造起强烈的存在。

要达到这种境界，我们就要深入理解“赚钱”和“受益”的不同，不断锻炼提高自己作为领导者的本领和才干。

写到这里，我再次想起理光第二任社长馆林先生说过的话：“当你成为领导者之后，必须要有进一步磨炼提升自我的意识。你之所以失败，是因为你总是从主观角度去臆测别人。”馆林先生还告诫说，无论什么事都以自我为中心，排斥别人意见的人，不能成为真正的经营者。这些话虽然是馆林先生模仿道元长老“自证则暗，兼证则明”的思想，但时至今日，我依然感激他的真诚教诲。

21. 第二十一法则：懂得成为有用之人

我已经年近八旬，是个行将就木之人。但是自从六十六岁那年干起经营咨询以后，反而变得更忙了，不知不觉间，我已担任了三十五家公司的董事或顾问之职，光是定期走访就很繁重。

其间，还不断有新的商家找我咨询问题，而我又坚持凡事必到现场查证的原则，哪怕仅仅是给对方一个建议，我也要到现场去实地走访。虽然家人见我这样都很惊讶，但我几乎没有时间像个老人那样在家颐养天年。尽管如此，这十几年来，我每天都能感受之前作为经营者所没有体会到的充实和兴奋。

我给中小企业或大型企业的经营者们提供的关于经营的肤浅建议都意外地发挥了一些作用。因为经我指导的企业业绩都获得了显著提高。经营者变得开朗乐观了，干部员工有了干劲。由于我的存在，周围人的生活越来越美好。这种喜悦感和当年在大企业工作时的感觉是不一样的。

日本经营合理化协会的牟田学理事长经常这样说：“任何东西，如果不被使用，就等于不存在。譬如一个茶杯，只有在被人使用之后才有了用处，如果谁都不去用它，那它就只是一个无机物体而已。也就是说，这个世界上的所有物体都是因为有用才存在，社长也是因为有你，有这些活着的人的需要才显示出了存在的价值。”

我们似乎可以将这种思想称为存在主义，但理论的难题姑且不提，这时我深切感受到的是“我也是个有用之人”。这种感觉成了我不顾年迈、勉励前行的动力。

我对让我成为“有用之人”的诸位感激不尽，因为再没有比这更能让人感到幸福的了。

卷末资料

市村清经营语录（摘录）

在我的企业经营生涯中，“市村语录”影响巨大。本书中虽多次引用，但仍然还有很多没有提到的金玉良言和宏大思想，在此把我能想到的一一列举出来，如能承蒙大家参考，则不胜荣幸之至。

●百万元顾客和百元顾客

一个采购百万日元货物的大客户并不能从其外表的高雅与否上判断出来。如果因为他只买了一百日元的货物而受到店员的怠慢，那么，他就会认为这家商店轻视顾客。就是说不能因交易额的大小而对客户区别对待。实际上，重视那些购买小额商品的客户正是扩大客户群的关键所在，这是真正做生意的秘诀。

●重视供货商胜于顾客

有些商场对客户非常重视，但对供货商却很傲慢，这是非常错误的行为。因为零售生意需要依靠生产厂家和批发商，所以采购的时候必须热情有加，彬彬有礼。对待自己的业务承包商亦如此。

●客户也是我们的推销员

一个销售员所能推销的商品数量总是非常有限。但如果客户替我们推销商品，就能让销量增加数倍，所以再小的客户我们也要尽心尽力服务好。

· 没有营销就没有公司

· 客户不问职位高低

· 不要只盯着自己想要的东西

· 只予不取

· 不要在星期一走访客户

●对人热情，遇事冷静

我完全把公司员工当成自己事业的合作者来看待。即便是勤杂工，我也会视为肩负事业重任的一份子而优礼有加。看到我这样对待员工，可能有人会认为我实在太纵容部下了，或者是害怕部下。

其实，我的想法并非上述两种猜测。虽然我对待员工很热情，把他们当成自己事业的合作伙伴，但在工作上我对他们的要求还是非常严格的。比如工资待遇，我始终坚持不超过一般水平的原则。我不能把钱花在贪图眼前短暂的安逸上，而要用来夯实公司发展的基础，尽可能快地让公司发展壮大。为了让员工比其他地方更快地当上部长课长，承担重任，我总是尽量让他们挑战各种工作。让员工意识到自己和公司是命运共同体，这是事业经营者的责任。

●要指导不要监督

人在一定的环境条件下能发挥出很大潜力。只要认真干，原本只有五十公斤力量的人能使出一百到一百五十公斤的力量。那么，怎样才能让人认真对待自己的工作呢？如果采取管制和监督的方式，必然让人感觉不快。“不许偷懒耍滑，不许捣鬼！”——在被人监视的情况下工作，谁也不会有积极性。当然，这并不是说可以放任自流。所以，对于员工的工作，一方面要尽可能给予自由，但同时又不能放任不管。

· 酒后察人

· 经营需要三分理七分情

●辞退员工时不要表扬

有人说辞退员工时应该表扬对方，其实那暴露的是利己思想。如果是还值得表扬的员工，就应该再给他一次机会。如果不想再用他，当然就要说明辞退的真实原因。那种死后鞭尸式的做法也许毫无意义。但是因为被辞退的员工还会进别的公司工作，所以还是实话实说比较好，这是公司应该承担的连带责任。

●相比只干不说，既干也说更好

默默无闻地工作并收获成果的“只干不说”精神被誉为是最高境界的美德。但是，什么都不说的人要实现心中的理想却非常困难。在遭遇大的困难、且虽付出努力仍无法推进的时候，他们潜意识中的软弱性就会冒出来：“反正我跟谁也没说，现在即使打退堂鼓也没什么。”这样，他们就无法战胜自己，最后很容易演变为中途放弃。

而如果向外界宣布自己的事业计划，即使想放弃，也会受到意志和责任的约束。因为如果做不到，就会被人耻笑是只会说大话，从而迫使自己努力坚持下去。所以我总是既干也说，通过这种方式才勉强保住了自己的信誉。

●寻找不满

人是一种不满足于现状的动物。无论境遇如何优越，总能找出自己不满意的地方。这种不满自然成为本人追求改进的目标。对于干事业来说，最重要的一点就是发现不满。

●只见树木不见森林的调查

这种调查是指在开发新产品时，不进行市场调查。乍一看似乎并无什么不妥之处，但其实是只见树木不见森林的做法。根本原因在于经营者的思维方式上。因为当市场有需要的时候再去制作新产品，那就已经迟了。经营者必须唤起市场需求，让消费者感受到新产品的优越性。

●光有主意，工作并不能开展

如果说想出一个主意需要十分的气力，那么制定具体实施对策就要三十分的气力，而实行则要一百分的气力。最遗憾的是想出了主意就没有了下文的人。所以，那些认为只要有了好主意，事业就能很快成功的想法，往往使人思想懈怠，导致事业无法开展。

●主意是黄鼠狼的屁

主意就好似是黄鼠狼最后放出的屁。黄鼠狼在被追得走投无路的时候，作为最后御敌的“撒手锏”，放出的这个屁有着决定性的实用价值，主意与此类似。

●专家不会有大的发明

主意产生的根本条件有三：第一是否定现状；第二是对事物怀有疑问；第三是追寻疑问的答案。在专家看来是理所当然的事，而在外行看来却有很多疑问。因而要去追寻问题的答案，所以外行人往往能有大的发明创造，而专家却很少。正因为外行人对专家认为再正常不过的事心存疑问，反而更有可能做出大的发明创造。

●不要习以为常

年轻时不失敏感、能创造性地开展工作的人就会获得成功。那些经验丰富的练达之士，都是年轻时常怀感恩之心，并且不断在工作中积极进行创新的人。正因如此，他们才能够圆满地完成人生的意义和使命。

· 时刻保持较高的信息敏感度

· 独辟蹊径，海阔天空

· 缺点是个宝

●经验主义往往带来失败

在现在这样的变革时代，多年积累的许多宝贵经验已经完全没有价值了。那些通过体验所掌握的知识也有的没有了价值。这一点也许谁都能想到，但我们必须进一步考虑到的是：那些无用经验对我们的影响不会是零，有时还可能是负数，掌握的知识和体验越多，适应新时代的阻力就越大。在守株待兔的故事中，农民为了等待撞死在树桩上的兔子，竟然荒废了农活，再没有像今天这样更能体会这个谚语的深刻教育意义了。

●成败的关键在平时

（这句话是市村清先生从象棋名人益田幸三先生那里听来的，之后经常跟我提起）。

事业的发展不可能超过本人的实力。只要积蓄了实力，通货膨胀也好，经济危机也罢，都能克服。这就像面对比赛，临场的精神状态甚至呼吸都会对结果产生重大影响，但与临场状态相比，更重要的是平时训练的实绩和修养。从这个意义上说，我们每天，不，每时每刻的工作状态都影响着最终的事业成败。

●懂得进攻算不得什么，懂得退却才是好样的

号令三军不断向前冲锋是一件很过瘾的事情，而决定退却就很艰难。我认为一个经营者如果懂得退却，他就是好样的。

· 只要干，就没有干不成的事

· 过去的一切皆善

●摔倒了，爬起来就好

我希望经营者丢掉那些消极主义和精明的世俗思想，绝对不要耍小聪明，哪怕正直得有点过头也不要紧。跌倒了再爬起来，再跌倒再爬起，这是正道。特别是那些未来之路还很长远的年轻人，希望他们全力以赴投身事业。

●按多数人的意见决定事情是逃避责任

虽说按多数人的意见决定事情可减少风险，但一般难以成功。政治上的少数服从多数是民主主义原则，在商务上则行不通。

能成功的往往是少数人的意见，多数人赞成的事情大多不能成功。虽然不好不坏的意见不一定导致商品卖不出去，但多数时候是无法让商品畅销。

按多数人的意见决定事情是一种逃避责任的行为，虽然比较安全，但因过于平庸，缺乏创新，难以实现商品畅销。所以很多情况下还是应该重视少数人的意见，这不仅是在开发新产品方面，在人与人交往的问题上以及处世的方方面面也同样适用这个原则。

●世界上最成功的企业家是释迦牟尼

事业的本质是为社会为他人效力。因为是无私奉献，是认真地在做正确的事情，所以财富自然而然会来到。释迦牟尼去世已经三千年了，如今他的弟子遍布全球，人数更是多达370万之众，被誉为东方名胜古迹的各大寺院都在踊跃供奉，可见释迦牟尼才是跨世纪的成功企业家。

●世界其实是公平的

每当看到那些思维清晰、胆识过人、能力超强的前辈和朋友们的时候，我就非常羡慕甚至有些嫉妒，因为他们轻松地从人群中脱颖而出，快速获得了崇高的地位或者积累了大量的财富。但是，是否通过才智和胆量来获取财富和地位就一定好呢？如果怀着这个疑问去看发迹者的结局，我们会发现，也许他们的事业能够在一段时间内获得快速发展，但免不了要在某个地方摔跟头。

相反，那些才智、胆量并不出色、只知道老老实实、认认真真沿着正确道路前进的人，虽然他们看上去进展不快，但每天都在进步，他们将获得不会有丝毫逆转的稳固地位。虽然人们常常感慨那些巧于钻营者的成功，但实际上并非如此，因为世界是公平的。我们或许可以欺骗别人，但不能欺骗自己。如果回顾一生尚有遗憾存在，那么，无论你的人生之路如何精彩，临死时一定会后悔，这样的人生不要也罢。

●在逆境中奋起，要鼓起勇气

很多人身处逆境，抱负和勇气就会渐渐削弱，这是恶有恶报的结果。人在遭遇逆境、面临困难的时候，要扭转不利局面，必须选择适当的时机打破常理，逆向而行，实现善有善报。

希望是我们的太阳。没有太阳，则万物不生，这是个严肃的真理。看到希望的转机，我们必须鼓起勇气，拿出挽狂澜于既倒的超凡胆量，采取实际行动。仅明白道理却不能付诸行动，那是不行的。只有行动起来才是最重要的。讲道理是没用的，鼓起勇气的行动最可贵。

●金平糖人物论

我的性格决定了我是个无论如何无法向世俗的邪恶和

不正之风屈服的人。前辈和朋友们经常说我不适合干实业。他们说："企业家必须举止温和。而你，总是理由太多。一旦自己认准的事，无论面对的是谁，哪怕是权力者也敢针锋相对，所以不具备做企业家的资格。"听了这样的评论，我也觉得自己可能真是那样的人。想起年轻的时候因为喜欢辩论，人们都说我将来可以当律师或法官的往事，甚至产生了重新选择自己职业的想法。一个人如果因怀疑自己而被烦恼包围，他的人生之路必然裹足不前。为了解决自己的这个问题，我想找人谈谈，于是有一天我去拜访了平素非常尊敬的柳川（平助）中将。

柳川将军一声不吭地听完了我的叙述，慢条斯理地谈了他的意见。

"企业家并不是任何事情都要向世俗妥协的。你是个迫切希望让社会风气变得纯洁美好的人。有很多企业家为了自身的利益在不得不妥协的时候低头。但你不会那样做，这是作为一名企业家非常难得的品质。你就像金平糖那样有很多角，很多人建议把这些角磨平，变得圆滑起来。但是如果这些角被磨平了，你就成了一个小圆球，会比以前小一圈。人只要不做坏事，无论怎样被周围人孤立，也不会为社会大众所抛弃。与其勉强磨平自己，让自己变得更小，还不如下决心按照自己的意愿活一回。随着年龄的增长，金平糖上的凹坑被填平，渐渐地成了一个大球，虽然是同样浑圆的球，但大小却不同。”

柳川将军巧妙引用“金平糖”的比喻对我进行开导，让我深受感动。最后告辞的时候，我还在心里反复回味他教给我的西奥多·罗斯福的那句名言——小人总是害怕缺点。(摘自《受益经营法》)

（以前，每次听市村先生说起这个故事，我总是根据自己的想法进行理解，既没有正视自己的缺点，也没有发扬自己的长处，结果在市村先生去世后栽了大跟头。但现在只要想起来，我就能体会到其中的深长意味)。

●爱财之道有二

因为我生长在一个吃了上顿没下顿的贫困家庭里，所以按照常理，花钱必然精打细算，锱铢必较。但我这个人却很奇怪，并不贪恋金钱。

曾经有一位印刷公司的社长说过这样的话：“据说无论是人还是物品，谁喜欢他（它），他（它）就向谁那里聚集。所以，如果有人不喜欢金钱，那么金钱就不应该向他那里去。如今市村先生并不喜欢钱，但他那里却聚集了很多钱，这到底是为什么，实在想不明白。”

我想，这句话是把爱的定义弄错了。把得到的钱财深藏箱底，倍加珍惜，这只是爱财的一种方式；尊重钱财的用图，让它去需要的地方，比如可以帮助朋友或他人摆脱困境等，是爱财的另一种方式。

把钱财深藏箱底，严密守护，这是一种爱，但是让钱财自由出入，发挥作用，难道不是更大的爱吗？我认为越是大笔钱财越应该让它自由流通起来，所以我总是尽可能不做守财奴，这就是我的爱财之道。（摘自《着眼明天》）

· 赚钱是有限的，受益是无限的

●爱人、爱国、爱工作

我把爱人、爱国、爱工作的“三爱主义”视为自己的人生信条。

第二次世界大战以日本战败告终。笼罩在头顶长达十年之久的战争阴云散去的时候，留下来的是满目疮痍和一片焦土的国家。我之所以决定在废墟中尽快发展服务业，既是为自己负责的几百名复员员工寻找工作，从大的方面来说，更是考虑到今后企业必须与和平紧密相连，否则将没有存在的意义。

思来想去，我最终决定把“爱”作为自己在和平中从事工作的基本出发点。

首先是“爱人”。决心将每个人的“独善其身”进行到底。

要“爱人”，就必须生活充裕。如果吃饭都成问题，是不可能为他人着想的。因此就要“爱工作”，没有一个愉快的工作环境就无法实现充裕的生活。

如果观察现代日本人的习惯，我们会发现：很多人不喜欢自己工作，但却必须忍受着继续干下去，仿佛被戴上了枷锁似的。虽然不喜欢这个工作，但为了那份工资，为了养家糊口，没有办法还得干。这种想法现在正大行其道，我必须设法破除这种思想，至少在自己的企业里。

鉴于此，我提出了“爱工作”的口号。

如果感觉不到工作中的乐趣，人就不会有幸福感。一个能全神贯注投入工作的人是神圣的。因为不断得到提拔，随着职场中的地位上升，他的生活也会变得充裕，这样就能考虑他人的事情，就会做到“爱人”了。

如果个人得到了发展，他就一定会“爱社会”、“爱国家”。

总之，一个人能做到“爱工作”，就能做到“爱人”，

“爱国家”，并成为消除战争这样人性之恶极端现象的基本推动力。

这就是我的“三爱主义”。在创立服务业企业的时候，因为这种思想，我将店铺命名为“三爱”。

*本书引用的资料除了来自我的笔记，还大量参考了市村清诞辰百年纪念再版（2000年三爱会刊），在此说明的同时一并致谢。

译者的话

四年前，因工作关系，我去一家号称“日本第一”的健康食品公司拜访，有幸结识了该公司的最高顾问，被日本业界誉为“销售之魔”的田中道信先生。在此之前，我对先生的大名早有耳闻，这次偶然相见，真是喜出望外。在接下来三个多小时的交谈中，话题不仅涉猎到中国经济的宏观层面，更是重点谈到中国企业的微观现状以及我个人企业的情况，并且田中先生对我提出的各种疑难问题一一耐心作答。临行前，先生谦虚地向我介绍了他早年写的几本书，希望我在经营企业时有所借鉴和参考。

在随后的日子里，我又有幸与先生多次见面交流，并潜心研读了先生的其他著作。田中先生在这些书里系统回顾了自己如何从一个普通的销售员成长为营销精英继而创造出业界第一辉煌业绩的整个历程，从不同的侧面总结了他六十年来从事销售和经营工作的亲身体验和感悟，分别阐述了全员营销、精英团队营销和社长营销的重要性，指出销售的本质是要有客户至上的理念，要和客户建立真正的信赖关系，强调了要将这些理念落实的关键是领导者（干部）要率先垂范，并发挥精英团队的力量，真正实现全员营销。

书中内容有理有据，举例详实，说理畅达。从田中先生跌宕起伏的人生经历中，能感受到其失败的痛苦、成功的喜悦、感悟的欣慰和成熟的淡定。书中的每一个篇章里都反映了田中先生求真务实的精神，字里行间都闪烁着先生管理智慧的光芒。可以说一本书就是一部历史，一段人生。

我在认真研读完这几本书后，觉得好东西不可独享，应该“与天下人共食之”，于是产生了将它翻译成中文、介绍给更多中国读者的想法。当我把计划翻译并在中国出版著作的想法告诉田中先生时，他欣然表示赞成，但他同时表示已多年未去中国，对中国的企业更是缺乏直接了解，担心自己的经验和理论对现时的中国读者是否适合，并有了再到中国去企业的生产经营现场考察的想法。于是，八十二岁高龄的田中先生终于在十四年后再次踏上了中国的土地，并来到译者所在的泰邦集团中国生产基地进行现场考察。考察期间，田中先生一头扎进现场，从车间工人到销售人员，从中层干部到经营者，逐一了解情况，从早上八点一直到晚上五点，时而询问，时而笔记，时而解答，让我们切实领略了“销售之魔”的务实作风和别样风采。这次考察不仅先生的渊博学识和丰富的企业管理经验再次让我受益匪浅、很多问题茅塞顿开，更主要的是年届八十高龄的田中先生的这种务实的工作作风、谦逊的态度以及敬业精神让人敬仰有加。

与日本四大经营之圣（松下幸之助、盛田昭夫、本田宗一郎、稻盛和夫）相比，田中先生并不为很多中国读者所熟悉，但他在日本却是追随者众多，慕名前来求经问道者不断，甚至日本汽车业巨头丰田公司的经营层和销售人员也曾邀请田中先生亲临现场指导。田中先生不仅亲手创造了业界第一的营销业绩，经他指导重建或起死回生的企业也多达200多家，很多已成功上市。事实证明田中先生不仅是“销售之魔”，也是“经营之魔”。衷心希望田中道信先生的这四本书能给中国读者，特别是有志于经营的人士带来新的启发和感悟，能帮助中国企业在管理特别是在营销战略上实现新的突破。诚如是，则作者幸甚，译者幸甚！

在本书即将付梓出版之际，我要特别感谢东方出版社总编辑许剑秋先生对出版田中先生作品的鼓励和大力支持，同时也要感谢泰邦同仁对本书翻译出版所付出的辛勤劳动。

因为水平有限，翻译错误和不当之处在所难免，敬请方家指正。

陈晓丽

2013年6月

后记

“目前，向经营者讲述营销重要性的书必须由田中来写。”——应日本经营合理化协会牟田学理事长半带命令的要求，我动手写了这本书。这本书距离我先前出版的第三本书已经快十年了。

回想起来，这十年日本经济自泡沫破灭之后，长期处于停滞状态。我则专心致力于企业的经营指导，夜以继日地工作，没再把心思放在著书立说上。

我和那些认真倾听我建议、一心致力于改善企业经营的社长们彻夜长谈，研究具体对策，这些对症下药的措施，使企业的业绩得到明显改善。渐渐地，社长们的言行变得自信起来，公司内外也充满了勃勃生气。我想，再没有比这更刺激和更有意义的工作了。不知不觉间，我提供经营咨询服务的行业从建筑业、服务业扩展到了 IT 业，服务对象也囊括了年销售额 10 亿日元的小企业和年销售额 1500 亿日元的大企业，范围更是横跨从北海道到冲绳的广大区域。

在东奔西走的这十年间，我一直坚信过去市村清先生灌输给我的思维方式没有过时，仍然适用。因此，借这次牟田理事长邀请著书的机会，我在市村先生直接传授的

“营销秘诀”基础上，结合自己十年来为中小企业提供咨询服务的实际体验，完成了这本集大成的著作。

这本书是我迄今为止写作字数最多的一本书，在本书出版过程中得到了日本经营合理化协会本间登美雄出版人和冈田万里出版局次长的大力支持。如果没有这二位的中肯建议，这本书可能无法面世，在此谨对他们的帮助表示衷心感谢。另外，我还要在本书的末尾，对我在理光、三爱任职期间的各位前辈、同志以及作为我咨询服务对象的经营者们表示感谢，因为没有他们就没有我的今天，也更不可能有机会写这本书。

至此，本书完稿。